OUVRAGES DU MÊME AUTEUR

MADAME LAMBELLE (*ouvrage couronné par l'Académie française*), 10e édition, 1 vol. 3 fr. 5o

LA SÉDUCTRICE, roman parisien, *6o édition*, 1 vol. 3 fr. 5o

LE VICE, mœurs contemporaines, *4e édition*, 1 vol. 3 fr. 5o

LA BARONNE, mœurs parisiennes, *6e édition*, 1 vol. 3 fr. 5o

OCTAVE, scènes de la vie parisienne, 1 vol. 3 fr. »

LA SIRÈNE, 1 vol.. . . . . 3 fr. 5o

LE COFFRET DE SALOMÉ. . . . . 3 fr. »

Albert Wolff

HISTOIRE

D'UN CHRONIQUEUR PARISIEN

PAR

GUSTAVE TOUDOUZE

Portrait

Par BASTIEN LEPAGE

PARIS

VICTOR HAVARD, ÉDITEUR

175, BOULEVARD SAINT-GERMAIN, 175

—

1883

Albert Wolff

HISTOIRE

D'UN CHRONIQUEUR PARISIEN

À

ALBERT WOLFF

Cher Monsieur,

Ayant entrepris un travail sur le journalisme et sur la Chronique Parisienne en particulier, je suis forcément amené à parler de vous et du rôle prépondérant que vous y avez joué.

Je ne fais que me servir ainsi de ce droit de critique, dont vous-même avez si souvent et si largement usé envers vos contemporains; j'espère donc que vous ne trouverez pas mauvais que je prenne la même liberté.

Je n'ai d'autre préoccupation que de faire une étude complète et sincère, en même temps que je tenterai d'esquisser un coin de cet étonnant mouvement du Journalisme Parisien, auquel vous êtes étroitement mêlé depuis vingt-cinq ans.

Vous excuserez la franchise du Conteur, mon livre ne devant avoir pour lui que le mérite de la plus entière bonne foi et être écrit sans parti pris.

Respectueusement à vous,

Gustave TOUDOUZE.

RÉPONSE A L'AUTEUR

Mon cher Confrère,

Si vous avez besoin de quelque renseignement que vous ne pouvez pas vous procurer ailleurs, venez me le demander.

Mais je ne veux rien connaître de votre livre avant sa publication.

Donc, vous êtes libre de dire un peu de bien s'il se trouve au fond de votre pensée, libre de me discuter, même avec violence, si elle est au fond de votre conscience.

Vous êtes un honnête homme ; je n'ai donc à craindre aucun parti pris. Souffrez du reste que j'ajoute ceci :

Tous les éloges d'un confrère ne valent pas

une bonne page écrite par moi; toutes les attaques ne me font pas autant de mal qu'un mauvais article signé de mon nom.

Je crois que tout homme de travail est le souverain maître de sa situation. Si c'est de l'orgueil de ma part, pardonnez-moi; si c'est une conviction, ne la blâmez pas, car elle m'a soutenu depuis vingt-cinq ans dans la vie tourmentée que vous voulez raconter.

Cordialement,

Albert WOLFF.

PRÉFACE

POURQUOI J'AI ÉCRIT CE LIVRE?

———

Pourquoi j'ai écrit ce livre? Comment la pensée a pu m'en venir? Oh! mon Dieu, d'une manière bien naturelle, par suite d'un simple enchaînement d'idées, en regardant un peu autour de moi dans notre histoire littéraire depuis quelques années, et en voyant toutes mes réflexions, toutes mes recherches, me lancer sur une pente irrésistible, forcée, au bout de laquelle, malgré moi, je retrouvais toujours et quand même cet accapareur, cette puissance absolue et essentiellement moderne, le journal!

Avez-vous remarqué ce lent et progressif envahissement du journalisme à travers notre existence quotidienne, et son importance grandissante, et l'adroite manière dont il a su se rendre agréable, puis utile, et, enfin indispensable, nous écrasant tous sous son despotisme !

Depuis vingt-cinq ou trente ans, pas plus, il s'est glissé doucement au milieu de nous, sans trop se faire remarquer dans les commencements et mijotant tranquillement sa petite affaire, en gaillard qui n'a rien à risquer et tout à gagner. Peu à peu, plus familier, tour à tour flatteur, insolent, mais toujours amusant, sachant nous chatouiller aux bons endroits de la bête humaine, se mêlant de tout et faisant un curieux amalgame du vice et de la vertu, il est parvenu, à force de souples ruses, à nous persuader qu'on ne pouvait se passer de lui. De fait, on ne peut plus s'en passer.

Aussi, maintenant, tout à la joie ! Plus besoin de se préoccuper d'avoir une opinion sur quoi que ce soit, politique, morale, religion ou faits du jour : le journal est là, serviteur commode, approprié au goût de chacun, évitant tout travail, tout effort d'esprit.

A-t-il su savamment jouer son rôle d'amuseur, devançant nos plaisirs, nous offrant chaque jour des primeurs, inventant des indiscrétions quand il était à court, et mettant le feu à ses mille pétards pour mieux éblouir nos yeux, étourdir nos esprits et accaparer nos oreilles. Ah! le malicieux et habile compère que le journal, rusé comme pas un, retors, hâbleur, et comme il a su arriver à ses fins, c'est-à-dire à faire la loi en tout et par tout!

C'est bien encore, si vous voulez, un triomphe de l'imprimerie, mais de la nouvelle, de l'imprimerie à la vapeur, de la machine Marinoni ou autre.

Cette fois, l'antique puissance du livre a reçu un coup mortel. En présence du journal le livre disparaît, et même, ô décadence! il ne peut plus rien sans le journal. Dites-moi quel est le livre qui a la publicité, le pouvoir persuasif et l'influence d'un seul article de certains chroniqueurs parisiens! Voyons, en bonne conscience, montrez-moi ce phénomène, ce phénix! Hein! Rien, pas un! Le livre est écrasé, annihilé par ce despote, le journal, donnant toujours du nouveau et le donnant d'une manière succincte, facile à lire et à s'assimiler, vomissant sans relâche ses milliers de feuilles humides d'encre typographique, ces feuilles qui portent aux quatre coins du monde la mode nouvelle, la dernière crise, le crime le plus récent, l'accident d'hier, l'événement de demain !

Tout en étudiant ce curieux bouleversement, en examinant cette invasion caractéristique et en y trouvant comme le résumé de la physionomie de notre époque, j'ai été conduit à chercher comment et depuis quand avait été remplacée, d'une manière aussi excessive et aussi générale, l'influence du livre sur l'esprit humain. J'ai reconnu que le début de ce changement dans nos mœurs littéraires, et par suite dans notre vie intellectuelle et physique, ne remontait pas au delà d'une trentaine d'années.

C'est vers 1854 que commencèrent à se manifester d'une manière sensible les principaux symptômes de la grande transformation qui allait faire du journal l'arme la plus terrible, la plus conquérante, celle devant laquelle tout allait céder.

En même temps je remarquais que, dans cette nouvelle forme du journalisme, les articles qui prenaient peu à peu le pas sur le reste du journal et portaient le mieux sur le Public étaient ceux auxquels on donnait le nom de chroniques. Leur extension, grâce à des hommes d'un esprit vif, brillamment aiguisé et infatigable, est devenue si formidable, qu'actuellement un chroniqueur influent est une puissance sans rivale.

Or, en étudiant les différents chroniqueurs de nos grands journaux, je n'en ai trouvé aucun qui réunît plus complètement toutes les qualités et tous les défauts du chroniqueur que celui dont j'entreprends ici l'histoire.

Aucun surtout n'a autant contribué à tuer le livre, à force de perfectionner la chronique, et d'arriver à résumer en trois ou quatre cents lignes ce que le pur littérateur se donne la peine de longuement expliquer en trois ou quatre cents pages.

Comme romancier, il m'a semblé intéressant de traiter cette palpitante question en appliquant à ce dangereux ennemi du livre les procédés d'analyse et d'étude que l'école moderne emploie pour le roman.

Peut-être, plus tard, aurai-je à m'occuper des autres, mais celui-ci est, de tous, celui qui nous a fait le plus de mal. Tandis que ses confrères se confinent soit dans la politique, soit dans la littérature, soit dans l'art, lui, aborde tous les genres, bouleverse tout, se mêle de tout, ne nous laissant d'autre ressource que de parler sur des sujets absolument déflorés par lui, de traiter des questions d'humanité, d'art ou de lettres qu'il a sabrées en quelques mots et hâtivement violées.

Qu'il l'ait fait avec plus ou moins de talent, je l'examinerai dans cette observation de l'homme, du journaliste et du Parisien ; mais il n'en est pas moins vrai qu'en détruisant l'influence du livre, il a détruit le goût des choses longuement mûries et étudiées, au profit de cette vie à toute vapeur qui est la fièvre, la névrose du siècle.

Ensuite, pour mon étude, à côté de l'existence particulière et très curieuse de l'homme, il a l'avantage d'être indissolublement lié à l'histoire de la presse à informations depuis sa création, de faire partie intégrante de toutes ses aventures, de ses moindres anecdotes, de son essence même.

C'est un peu aussi à force de le rencontrer à chaque page, de le voir mêlé comme un des plus influents promoteurs à cette transformation du journal, et surtout parce que, seul de tous ses confrères, il a touché à tout sans se renfermer dans une spécialité, que j'ai trouvé en lui le type même que je rêvais pour personnifier la chronique parisienne.

Par suite, j'ai dû pénétrer plus avant dans l'existence privée de celui que je choisissais, et relever les particularités qui ont pu faire d'un jeune Allemand de la Prusse Rhénane l'expression la plus entière et la moins contestée du chroniqueur parisien.

A ce propos, je ne saurais cacher que mon amour-propre de Français se trouvait quelque peu froissé de trouver la personnification la plus complète du journalisme parisien dans un étranger, quand nous avons chez nous tant de gloires purement françaises. Il y avait sans doute là quelque mystère d'origine, dont il importait à mon patriotisme d'avoir le secret ; j'ai voulu savoir comment cette débordante personnalité était arrivée à s'imposer ainsi chez nous, en plein cœur et en plein cerveau de la patrie, et à faire la loi dans nos arts, dans notre littérature, dans nos mœurs et dans notre vie, avec un aplomb tel ou une autorité si justifiée, que nul n'osait s'élever contre.

Dans cette pensée, je me suis mis à suivre scrupuleusement cette inquiétante et irritante figure, depuis son enfance à Cologne, au milieu des siens, là vivant de sa vie quotidienne, jusqu'à l'heure actuelle.

Pour mieux arriver au but que je me proposais, j'ai utilisé tous les renseignements, même ceux de minime importance, mais de vif intérêt anecdotier, que j'ai pu recueillir, soit dans les journaux où le chroniqueur a écrit, soit auprès d'amis ou d'ennemis l'ayant connu aux différentes époques de sa vie, soit enfin en m'adressant à lui-même.

A ce sujet, je dois dire que, lorsque j'ai eu l'idée de faire ce livre, je ne connaissais pas du tout Albert Wolff, et lorsque j'ai été chez lui, à la suite d'une lettre qui m'y autorisait, c'était la première fois que je lui parlais.

J'ai trouvé un homme simple et aimable, de fort bienveillant accueil, mais en même temps si plein de lui, ayant une telle conscience de sa valeur, qu'avant toute autre chose, il m'a dit appartenir entièrement à la critique, et se moquer absolument de tout ce qu'on pouvait écrire sur lui. Il se retranchait derrière cette raison, qu'il avait bâti sa vie sur son travail, sur l'estime de lui-même et nullement sur ce que les autres pourraient en penser.

Sans doute il y avait là un excès d'orgueil peut-être non justifié, mais en tous cas fort cu-

rieux, et je ne saurais garder un souvenir déplai-
sant d'un homme qui s'exagère probablement
sa situation, ou mieux d'un homme indépendant
n'ayant aucun souci de ce qui préoccupe tant
les autres.

Comme mon ami Bastien-Lepage, le peintre
de grand et original talent, je n'ai eu qu'un
souci, faire ressemblant, faire vrai, sans me
préoccuper de plaire ou de déplaire.

Le résultat de mon travail est cette histoire
variée, mouvementée, que je me suis amusé à
conter en romancier empoigné par un sujet
palpitant d'actualité et de modernisme, très
heureux si je suis arrivé, en menant à bien un
pur ouvrage d'artiste, à faire en même temps le
jour sur une de nos plus troublantes physiono-
mies parisiennes.

J'ai commencé là, par la chronique et le chroniqueur, un travail général sur notre époque;
mais je me propose de le continuer, en étudiant
successivement d'autres questions tout aussi
attirantes, et en y mêlant les auteurs ou les
promoteurs de nos grandes transformations

dans la critique, la peinture, la musique, les sciences et les lettres.

Ce volume n'est donc en réalité que le premier d'une longue série qui peut ainsi devenir une sorte d'histoire contemporaine, vue par son côté amusant et vivant, par ses principales figures.

GUSTAVE TOUDOUZE.

Mars 1883.

HISTOIRE

D'UN

CHRONIQUEUR PARISIEN

I

« *Calypso ne pouvait se consoler du départ d'Ulysse….. »*

D'une voix convaincue et persuasive, le vieux professeur rythmait religieusement la belle prose de Fénelon, balançant harmonieusement les mots, qui, dans sa bouche arrondie, prenaient une enveloppante ardeur.

Ce n'était plus un récit pompeux, débité avec emphase, mais plutôt une sorte de chant triomphal, entraînant à sa suite des idées de grandeur, de richesse et de puissance.

Tandis que son élève prêtait toute son attention à la musique de la langue française ainsi cadencée à ses oreilles, lui trouvant un charme inconnu jusqu'à ce jour, déjà le lecteur, interrompant brusquement la leçon, se lançait dans une série d'exclamations inattendues et enthousiastes :

« Ah! la France! la belle France! Quel pays! Quel magnifique pays! »

Puis il continuait, pontifiant, avec des raffinements de voluptueux, avec une passion pénétrante, se gargarisant amoureusement des phrases sonores du *Télémaque,* comme si c'eût été un écho du pays pleuré :

« *Dans sa douleur, elle se trouvait malheureuse d'être immortelle. Sa grotte ne résonnait plus de son chant : les nymphes qui la servaient n'osaient lui parler. . . . .* »

« Tu le verras, toi, ce pays! Tu iras en France; tu connaîtras cette merveilleuse contrée. Moi, c'est fini, je mourrai ici dans mon coin, tout seul, loin des miens, comme un pauvre chien galeux, loin de ma patrie, loin de la France, de ma belle France! »

Et ses larmes se mêlaient à celles de l'infortunée Calyso pleurant Ulysse, comme lui pleurait son pays.

Une douleur si profonde et si naïve à la fois se dégageait de ces paroles vibrantes, tandis que le volume tremblait dans la main fébrile du professeur, que l'enfant, tout extasié, croyant entendre parler de quelque Eldorado sans pareil, du véritable pays des rêves, resta bouche béante en face de M. Lion, son maître de français ; il admirait en même temps *Télémaque,* le vieux dépatrié, dont la plainte le remuait jusqu'au fond du cœur, et la France qu'il ignorait.

Jusqu'à ce jour, insouciant comme tous les bambins de son âge, incapable d'observation et de réflexion en présence des rides d'un visage et des cheveux blancs d'une tête, il ne lui était jamais venu à l'esprit de se demander ce que pouvait être le brave homme qui lui apprenait les beautés de la langue française, ni par quelle suite de misères il était venu échouer à Cologne pour enseigner aux jeunes Allemands son idiome natal. Il avait toujours écouté les leçons avec plus ou moins de plaisir et d'attention, sans s'occuper de celui qui les dictait.

De son côté, M. Lion ne s'était jamais abandonné ainsi ; il fallait quelque renouveau de douleur, quelque secrète poussée de regrets hors de ce cœur renfermé, pour qu'il se fût livré à haute voix à ce retour vers la patrie.

Mais comme il est incontestable que tout accent sincère établit immédiatement une irrésistible communion d'idées, même entre deux êtres aussi différents qu'un vieillard et un enfant, ce dernier regarda autrement qu'il ne l'avait fait jusqu'alors le pauvre exilé.

Il lui vint une mystérieuse vénération pour cet homme qui semblait tant souffrir de se voir ainsi forcé de terminer ses jours dans une ville étrangère, dans Cologne. En même temps germa, encore indécis, sans forme, très vague, un premier désir machinal, irraisonné et inconscient d'aller en France, de connaître ce pays qui donnait à un exilé de si poignants regrets et de tels accents d'enthousiasme, même en présence des merveilles de la vieille cité prussienne. Comment! Il y avait donc quelque chose de plus attirant que cette cathédrale unique des Rois Mages, que cette lieue de façades reflétées par le Rhin, que ce pont de bateaux chargé de voitures et de passants et reliant Deutz à Cologne, que ces environs verdoyants dominés par les Sept Montagnes! Le petit ne pouvait y croire, ouvrant des yeux énormes.

« . . . *Mentor, les yeux baissés, gardant un silence modeste, suivait Télémaque.* »

La leçon était terminée.

L'esprit remué, ayant dans les prunelles l'éblouissement de la magique vision que lui promettait le vieillard, l'enfant partit, tout changé, écoutant encore chanter à ses oreilles, mêlées aux alinéas des *Aventures de Télémaque,* les grisantes paroles :

« Tu verras la France, garçon, la belle France ! Ah ! tu es heureux, toi ! »

Le bourdonnement continua longtemps dans le cerveau enflammé du petit qui, toujours trottant, harcelé par cette idée fixe de voir la France, la belle France, se souvint d'un tas de choses oubliées qui semblaient la confirmation de cette prédiction, ou tout au moins offraient d'étranges et saisissants rapports avec elle.

Des remarques négligées, laissées de côté, lui remontaient en foule à travers ses souvenirs d'enfant, d'infimes détails de sa vie d'écolier.

Continuation douce du joli rêve, il se rappelait que c'était en langue française que sa mère lui parlait des Français comme d'un peuple qu'on admire et qu'on envie; c'était même à cela qu'il devait d'apprendre plus facilement les règles difficiles de cette langue, dont les murs de la ville conservaient encore comme un fidèle et lointain écho. Les vieilles rues étroites resserrées entre les pignons taillés et les toits pointus couverts d'ardoises, n'avaient pas oublié les jurons des soldats de Jourdan, ni les éclats bruyants de la gaieté française, et les hôtels de pierre du xv° siècle ouvraient béantes ces mêmes fenêtres qui avaient vu passer Napoléon et la Grande Armée. Il n'y avait pas trente ans de cela.

Sans y songer, il se remémora ses bavardages infatigables, ses longues conversations toutes semées de pourquoi et de comment avec son professeur d'hébreu, le père Marx.

Ne s'était-il pas aperçu un beau jour que celui-là aussi était un Français? Et alors les questions de pleuvoir sur le pauvre vieux.

« Vous êtes Français, père Marx?

— Certainement! » avait repris son interlocuteur, oubliant le Talmud et la leçon pour parler de son pays.

« C'est loin d'ici, hein?

— Pas trop. Il n'y a qu'à remonter le Rhin : je suis Alsacien, de Strasbourg ! un beau pays ! »

Lui aussi, il s'en souvenait maintenant, avait vanté sa patrie.

« C'est vrai que les Français ont des pantalons rouges ?

— Si c'est vrai ? je vous le promets ! » avait-il riposté, allumé soudain à l'idée des soldats du pays.

Dès ce jour-là, l'enfant s'était senti une envie folle d'aller voir ces fameux pantalons rouges, qui lui paraissaient splendides à côté de la tenue sombre des soldats prussiens. Mais alors, le pays lui importait peu, ses désirs se bornaient à Strasbourg et aux pantalons garance.

Eh bien ! et monsieur *Bijour*, le professeur de violoncelle, n'était-ce donc pas également un admirateur enthousiaste de la France, malgré sa nationalité allemande et son nom véritable d'Alexander ?

Toujours il vous saluait en français, ne sachant que le mot de « Bonjour » et le prononçant invariablement *Bijour*, ce qui lui avait fait donner par ses vauriens d'élèves le moqueur sobriquet de *Monsieur Bijour*.

En pleine leçon, il arrêtait brusquement le

grincement de l'archet sur les cordes de son violoncelle pour s'écrier avec une admiration profonde :

« C'est çà une ville, Paris ! »

Puis le violoncelle gémissait de nouveau sous ses doigts agiles jusqu'à ce qu'il s'interrompît de nouveau pour parler de son fils qui était un grand Monsieur et habitait Paris. Même, comme il était architecte, il avait construit en plein boulevard, au plus bel endroit, un vrai palais qu'on appelait *La Maison dorée*. C'est alors que les élèves ouvraient des bouches et des yeux ! La Maison dorée !

Peu à peu une corrélation secrète s'établissait, pour le petit, entre ces divers détails de son existence d'enfant et la parole plus grave, plus nette, plus affirmative du professeur de français.

Monsieur *Bijour*, avec sa longue redingote aux boutons de métal, et son fils l'architecte de Paris, l'Alsacien et les pantalons rouges de Strasbourg, *Télémaque* et le vieil exilé dansaient une folle sarabande dans la cervelle allumée du pauvret, qui commença à rêver plus que de raison à ce pays si vanté, oubliant que, né à Cologne, rien ne semblait lui assurer la réalisation de ce rêve grandiose, voir la France, quand, au contraire, tout le retenait dans sa famille et dans sa ville natale.

Cependant, lorsqu'il consultait ses souvenirs et qu'il réunissait ce faisceau de petits faits, il y trouvait une sorte de confirmation de ce qu'il venait d'entendre en dernier lieu ; tous ses professeurs, sans s'être donné le mot, sans avoir l'intention de faire impression sur son esprit, avaient, de manière différente, mais d'une façon très explicite, glissé dans son âme un peu de leur enthousiasme pour le pays voisin.

L'enfant rentra chez lui, sous cette pensée tenace, poursuivi par la voix chaude de M. Lion :

« Tu verras la France, garçon, la belle France ! »

Il alla, profondément ému, se jeter dans les bras de sa grand'mère :

« Grand'maman, M. Lion m'a dit que je verrais la France et que j'étais bien heureux !

— La France ! »

Un éclair fit rayonner soudain le visage flétri de la vieille femme, qui tint son petit-fils longuement serré contre son cœur, et répéta à mi-voix, passionnément :

« La France ! »

Quelle magique évocation! Quelle brusque foulée de merveilleux et grandioses souvenirs! Une joie énorme dilatait tout son pauvre corps rapetissé et une flamme s'allumait peu à peu dans ses yeux.

II

De nos jours, dans les grandes villes, à Paris surtout, le grenier est un endroit inconnu. Depuis longtemps les propriétaires industrieux et ménagers, habiles à ne sacrifier aucune partie de leurs immeubles, ont remplacé le grenier par toute une série de chambrettes et de mansardes louées fort cher.

A la campagne ou dans quelques petites villes de province, vous trouverez encore le grenier, le vrai grenier, immense, profond, séculaire, avec ses bataillons de souris, ses hordes de rats, ses nids d'araignées et toutes ses antiquailles branlantes et vermoulues, qui sont comme une sorte de poussiéreux reliquaire de la famille. Là, entre les chiffons roulés en

ballots, les vieux meubles boiteux et les débris
de toute espèce relégués en cet endroit, on
peut parfois remonter une ou deux générations
en arrière, converser avec les portraits de
famille aux costumes bizarres, jouer avec des
jouets qui ont servi au grand-père ou s'asseoir
dans la chaise de baby, où s'asseyait grand'-
mère, aujourd'hui chevrotante, presque cente-
naire.

Dans le grenier de la maison de Cologne,
l'écolier, élève de Monsieur *Bijour*, de l'Alsacien Marx et du réfugié français, M. Lion, avait
passé bien des heures joyeuses, jouant au soldat avec une collection d'uniformes chamarrés
de brandebourgs, traînant à grand bruit le sabre recourbé au fourreau de cuivre dont le tapage guerrier le ravissait, coiffant sa petite
tête d'un schapska de lancier. C'était avant l'é-
cole, avant la tyrannie croissante des études ;
mais souvent encore il avait de brusques re-
tours à ces amusements bruyants, où sonnait
comme un écho lointain, affaibli, presque insai-
sissable, de la gigantesque épopée militaire qui
avait remué l'Europe de fond en comble au
commencement du siècle.

Oui, c'étaient là d'héroïques défroques qui

avaient été usées sur les champs de bataille de tous les pays, que les balles, les sabres et les lances avaient déchiquetées, l'attirail d'un grand-oncle de l'enfant, d'un ancien soldat de l'Empire et de Napoléon, d'un survivant de la Grande Armée.

Avant que la pensée de la France arrivât nettement à son cerveau, avant que le désir de connaître ce pays lui eût été inculqué par ses maîtres, soit volontairement, soit sans le vouloir, il s'était pour ainsi dire imprégné de la gloire française, baigné dans les derniers rayons du flamboiement impérial, en jouant avec ces restes d'uniforme, porté par ce parent qui avait servi sous l'Empereur. Sans le savoir, il était déjà environné de tous côtés au milieu des siens par cet amour de la France.

Aussi, quand il se trouva dans les bras de sa grand'mère et qu'il eut rapporté les propos de son maître, ce fut comme une transformation soudaine.

Sortant du mutisme recueilli habituel aux vieillards, elle parut s'animer extraordinairement à ce mot qui remuait en elle les éblouissants souvenirs du passé.

« La France! petit, » s'écria-t-elle de nouveau.

Et, le prenant par la main, elle le conduisit au salon et l'arrêta successivement devant chacune des gravures d'après Vernet, représentant les principaux faits de la vie de Napoléon Ier, depuis celle qui montre le taciturne écolier de Brienne regardant jouer ses camarades, jusqu'au lit de mort de Sainte-Hélène.

Alors, verveuse, avec une flamme de jeunesse dans ses prunelles éteintes, voyant que son petit-fils la comprenait et qu'elle pouvait parler, elle lui dit :

« Je l'ai vu, moi ! »

Comme dans la chanson de Béranger, le petit répéta :

« Vous l'avez vu, grand'mère ! »

Est-ce qu'on pouvait oublier cela ? — Oui, elle s'en souvenait toujours : Napoléon, l'empereur, entrant dans Cologne, à cheval, entouré de son brillant état-major, de ses bataillons de la vieille garde, de ses régiments de héros.

La grand'mère en avait conservé l'inoubliable tableau, au fond, tout au fond de ses beaux yeux de jeune femme, et elle retrouvait, pour en parler, ses ardents enthousiasmes de jeunesse ; elle le dépeignait en termes si vivants, que l'enfant croyait assister à cette entrée triomphale. Il regarda sa grand'mère lui parlant de l'Empereur, ainsi qu'il avait contemplé son professeur lui parlant de la France, avec un émerveillement toujours croissant.

Depuis, elle avait toujours attendu le retour des Français avec la patiente conviction du jeune âge, que les années n'ont pu ébranler et qui a survécu aux caducités du corps, aux désillusions de l'esprit, espérance vivace et toujours fraîche dans un corps usé.

Cette espérance, elle la partageait avec la majorité des gens du pays, qui conservaient comme elle le culte aveugle des vainqueurs de la Russie, de l'Autriche, de la Prusse, du monde entier, — et qui tous avaient servi sous Napoléon.

Ah ! le beau temps et les jolis Français, pimpants, astiqués, un peu embrasseurs sans doute, un peu trop galants, mais gais, amusants, bons enfants et braves comme leurs sabres. Elle s'en souvenait bien, hein, petit !

Et des vilains moments aussi, va, mon garçon ! Oh ! les autres, les envahisseurs ceux-là, la grande invasion des armées alliées se ruant à la poursuite de l'Empereur vaincu ! C'était là pour elle l'Invasion ! Des Russes, des Autrichiens, des Prussiens ! et surtout, oh ! surtout, des Cosaques ! de damnés Cosaques qui venaient demander de la choucroute, de l'eau-de-vie, toujours à boire, toujours à manger ! Où étaient-ils, les Français regrettés ?

Les Cosaques ! Oh ! Des souvenirs terribles lui mettaient aux joues de chaudes rougeurs, et ses narines frémissaient encore à l'évocation de ces êtres abhorrés. Les Cosaques ! Une fois ils avaient tant et si bien fait, que son frère, le fameux oncle qui avait fait campagne sous l'Empereur, avait senti la main lui démanger en présence des incessantes exigences de ces buveurs et de ces goinfres. Crânement il avait bondi sur eux, indigné, et les avait tous chassés de la maison, à coups de sabre, s'il vous plaît, comme au beau temps !

Elle était transfigurée, la vieille, en racontant cela, et ses souvenirs de femme, et ses souvenirs de sœur ; ses traits flambaient dans l'exaltation superbe de l'héroïsme de son frère et la souvenance des grandes batailles.

Le petit écoutait, ébahi, empoigné, tout étonné d'avoir provoqué un tel retour du passé par un seul mot, le mot magique de « France !»

et des larmes d'enthousiasme emplissaient sés yeux, de belles larmes sincères, jaillissantes, de ces larmes qui font du bien.

« Mais, maintenant, ce n'est plus ça, hélas! termina la grand'mère. »

Sa voix tomba, n'étant plus soutenue par rien d'élevé, car le présent était l'écroulement de toutes les espérances données à son pays par la conquête française. Oui, un moment, Cologne avait pu espérer être libre, comme cela avait été promis en 1813, respirer, débarrassée par Napoléon Ier d'un despotisme mesquin et ridicule; mais maintenant on se trouvait sous l'écrasement de l'administration prussienne, avec la haine de cette administration et de cette armée qui était une ennemie pour les habitants, une étrangère morose et désagréable.

L'enfant le savait bien. Il lui était arrivé de courir avec ses camarades pour voir défiler les régiments prussiens, la musique, les tambours, les drapeaux; mais les gamins d'écoliers n'admiraient pas ces soldats, étant habitués par leurs parents à regarder les Prussiens comme des êtres inférieurs.

Il entendait encore bourdonner autour de lui le rythme railleur des chansons ironiques dans lesquelles les bambins blaguaient ces raides soldats prussiens :

«Le collet est rouge, mais l'estomac est vide. — Les uniformes ont de beaux galons d'or, mais ceux qui les portent n'ont rien dans le ventre, etc., etc. »

On ne se gênait pas alors pour les traiter de meurt-de-faim, subissant à regret ceux qui plus tard devaient faire la grandeur du pays, quand les déportations sans jugement de 1851 et les ambitions d'un nouveau Napoléon auraient désappris aux habitants de Cologne l'amour de la France. Mais vers 1843, tous les vœux étaient encore pour la France, toutes les haines sourdes pour la Prusse.

Pendant que la grand'mère se rasseyait, retombant dans son fauteuil, et que, peu à peu, sous le voile épais et morne du présent, ses prunelles, si flambantes tout à l'heure, s'éteignaient, le petit-fils sentait s'agiter tumultueusement en lui tout ce qu'elle venait de lui raconter.

Un gros pas lourd fit trembler le plancher.

« C'est toi, mon oncle?

— C'est moi, petit. »

Celui-là, c'était le lancier, le sabreur de Cosaques, le soldat qui avait suivi Napoléon dans ses campagnes.

Sous l'aiguillon tout vif de ce que venait de lui dire sa grand'mère, l'enfant eut l'idée de l'interroger, lui aussi, de savoir un peu ce qui s'était passé dans les beaux temps des grandes guerres.

L'homme avait une figure douce, comme éteinte, sans rien d'accentué ni de hardi, ainsi qu'on eût pu s'y attendre chez un de ces héros de la Grande Armée. Il approchait de la soixantaine et, un peu cassé, paraissait plus que son âge, avec sa haute taille courbée.

Câlinement, son neveu vint s'asseoir sur son genou :

« Tu as fait la guerre, toi, mon oncle!

—Oui. Il y a longtemps, longtemps, une trentaine d'années, au moins ! »

« Tu as été en Russie? » interrogea-t-il encore, les yeux brillants de curiosité et ayant gardé une étincelle des enthousiasmes de la grand'mère.

— Je suis entré à Moscou avec les camarades. On était très content d'être là.

— Ah! c'était beau?

— Puis le feu a pris partout : on a battu la

générale. De tous côtés on recevait des poutres enflammées ; il y avait de la fumée qui vous aveuglait. C'était très ennuyeux.

— Tu n'as rien remarqué de plus ?

— Je n'ai rien vu de plus que les autres : personne n'y voyait rien.

— Et après ?

— Après ? On est revenu par troupes, toujours battant en retraite, à travers la neige, les glaces, sans rien à manger, et derrière nous les bandes de Cosaques qui nous harcelaient à coups de fusils, à coups de lances. On était très malheureux ; on crevait par centaines, de faim, de froid, de misère ! »

L'enfant le regardait, étonné :

« Ah ! »

Il s'attendait à autre chose, à quelque récit grandiose, imagé, et pas à ces mots secs, désillusionnants, plutôt plaintifs.

L'oncle continua :

« Tiens ! petit, écoute un peu. Dernièrement on m'a appris que mon camarade de lit, celui qui a fait la campagne de Russie avec moi, vivait encore.

— Vous l'avez revu ?

— J'ai fait le voyage exprès pour le voir ; j'ai

traversé le Rhin en bateau, j'ai fini par trouver la maisonnette où il habitait. Ah! le cœur me battait en arrivant devant la porte et je me suis arrêté un instant. J'ai frappé; on m'a crié d'entrer.

— Alors?

— Dans un fauteuil, il y avait un homme tout vieux, tout écrasé, un homme dans les traits duquel j'essayais en vain de retrouver mon camarade d'autrefois. Je lui ai dit mon nom : il ne m'a pas reconnu ! »

L'enfant eut une sensation de froid à ce tableau lamentable, mais l'ancien soldat reprenait en hochant la tête, avec un doux navrement à peine étonné :

« Et pourtant, nous sommes entrés ensemble, à côté l'un de l'autre, à Moscou! Du reste, moi non plus, je ne l'ai pas reconnu ! »

C'était un récit consternant. Mais on retrouvait là, bien vrai, le type du paysan arraché à son champ et qui part avec les camarades comme une bête de somme, ne regardant pas autour de lui, allant où on lui dit d'aller, ne remarquant rien, ne s'étonnant de rien, n'ayant pas la curiosité des pays inconnus qu'il traverse. C'est une machine inerte, entraînée. Dans les batailles il aura reconnu son voisin

de gauche et son voisin de droite, rien au delà ;
il a subi les privations et les fatigues avec
l'ennui lent et passif des animaux, sans accep-
tation, mais sans révolte et sans remarques.
Celui-ci pouvait servir de portrait naïf et terriblement réel pour tous les soldats de ces
immenses armées agglomérées que Napoléon Ier
poussait devant lui à la conquête de l'Europe.

Malgré le peu de succès de ses questions, le
neveu contemplait avec respect ce simple, ce
bonhomme, car il avait fait partie de la Grande
Armée, et même, par sa présence inerte, il lui
parlait aussi de la France.

Un autre petit événement allait achever de
pousser vers le pays magique, dont l'image
miroitait ainsi devant ses yeux, cet enfant que
tout semblait conspirer à emplir de cette admiration pour une patrie autre que la sienne.

III

Chaque jour, en se rendant à la petite école de la rue de la Cloche, où le jeune habitant de Cologne faisait ses premières classes, il lui fallait, avant d'aller s'asseoir à son banc d'écolier, traverser une petite cour, à droite de laquelle se trouvait une maisonnette bien pleine de gourmandes séductions.

Parfois, ses livres à la main, traînant le pied, avec des regards en coulisse vers certaine fenêtre, par laquelle on entrevoyait des feux rouges de fourneaux et de clairs miroitements de casseroles luisantes, l'enfant tendait les narines, humant des parfums connus qui lui représentaient des montagnes de croquantes pâtisseries, de fins gâteaux pétris par les mains

de la plus habile ménagère de la ville en cette
spécialité.,

Non, certes, nulle part on n'eût trouvé tarte,
galette ou tourte aux fruits comparables à
celles qui sortaient, toutes dorées, friandes et
parfumées, de la cuisine obscure de cette modeste maison.

Pour le malheur de l'écolier, cette tentation
de tous les jours, presque de toutes les heures,
se trouvait juste sur son passage, entre la rue
et le fond de la cour où se tenait l'école. Aussi
quelles brûlantes œillades vers l'appétissant
rez-de-chaussée, et quels soupirs désappointés
quand nulle voix amie n'appelait l'élève pour
lui faire goûter quelqu'une de ces damnables
pâtisseries, soit à l'entrée, soit à la sortie des
leçons.

·Ah! il la connaissait bien, la chère petite
maison, avec sa porte basse servant d'entrée
et son vestibule, sur lequel donnait la fameuse
cuisine : on l'y connaissait bien également.

Souvent, en arrivant, lorsque la fenêtre donnant sur la rue bâillait, laissant voir un intérieur de chambre bourgeoise, il adressait une
respectueuse salutation à quelqu'un qu'on ne
distinguait pas parfaitement du dehors, et une

voix heureusement timbrée, assouplie par l'exercice constant du chant, lui lançait un rapide « Bonjour, petit ! » qui le faisait tout souriant, lui ouvrant des horizons de gourmandise satisfaite. En effet, il était rare que la voix masculine de la chambre n'eût pas un écho plus pratique dans celle qui sortait de la cuisine, avec des modulations attendries et féminines, invitant le petit à venir donner son avis sur quelque friandise nouvelle.

D'autres fois, l'enfant se taisait, filant discrètement le long du mur et ne se hasardant pas à troubler le morceau de musique qu'il entendait déchiffrer par quelque élève maladroit, tandis que la voix du professeur, le chantre de synagogue, tonnait dans la chambre, emplie de bruyants éclats.

Il ne s'arrêtait pas non plus lorsqu'il reconnaissait le jonc à pomme d'or, le chapeau tromblon à bords recourbés, l'habit râpé à boutons d'or, avec ses longues basques battant les mollets, et la perruque brune de son maître de musique, Alexander, le fameux monsieur *Bijour*. Il était là, discutant avec le propriétaire de la maisonnette, assis dans son grand fauteuil. Quelques mots saisis à la hâte et envolés par la fenêtre, apprenaient à l'écolier qu'on causait du grand fils parti pour Paris, après avoir étudié la musique avec son père et le violoncelle avec M. Alexander. C'était le cas ou jamais de ne pas interrompre de si graves conversations, car, alors, au lieu de gâteaux, les taloches et les bourrades pleuvaient comme grêle sur les épaules de l'enfant, de même que toutes les fois qu'il faisait tapage avec ses camarades dans la petite cour, assourdissant les oreilles sensibles du musicien.

Autant l'école lui paraissait ennuyeuse et insupportable, autant il trouvait doux d'avoir ce prétexte de passer devant la délicieuse et hospitalière maison, où il pouvait cependant dire qu'il avait été autant battu que gâté; mais le souvenir des friandises resta le plus fort.

Un jour, il lui sembla que les fourneaux flambaient comme ils n'avaient jamais flambé; toutes les casseroles décrochées et récurées à neuf brillaient, éparpillées devant la fenêtre, sur la table de cuisine, un peu partout. La femme du musicien, les manches relevées jusqu'aux coudes, pétrissait avec une activité fébrile des quantités de pâte telles, que le petit s'arrêta en extase vis-à-vis d'elle; la figure

rayonnante, rougie du reflet de la large flambée
illuminant la petite pièce sombre : il en oublia
l'école et l'heure de la leçon.

Une joie si énorme semblait déborder du
paisible intérieur, qu'il en demanda la raison.

La mère, suspendant un moment sa besogne,
les doigts enfoncés et pris dans la pâte jaune
et blanche, releva la tête, regarda le gamin
avec des yeux pétillants de bonheur, et lui
lança tout d'un trait :

« Ah ! garçon, c'est grande fête aujourd'hui :
Jacques arrive de Paris ! »

Jacques, c'était le fils, le grand garçon, un
virtuose, s'il vous plaît. Des légendes merveil-
leuses, qu'on eût pu croire échappées des ra-
vins hantés des Sept-Montagnes, couraient sur
le fils du chantre de synagogue, et l'enfant ne
les ignorait pas.

On racontait qu'à Paris le fameux Jacques
amassait des millions, rien qu'en jouant du
violoncelle, tellement on aimait les artistes là-
bas, et le vieil Alexander n'était pas fier à moitié des racontars qui faisaient de son élève une
sorte de prince de la musique. Une gloire en
rejaillissait jusque sur lui, dorant son habit
râpé et l'enveloppant d'une auréole imaginaire.

Plus fort que jamais, quand il parlait de Jacques, il répétait sa phrase favorite :

« C'est ça, une ville, Paris ! »

De bouche en bouche on se répétait avec des mines extasiées : « Il joue dans les salons ! » et le bruit courait qu'il gagnait jusqu'à cent francs par soirée.

Assurément, pour beaucoup des habitants de Cologne, du moment qu'à Paris, la ville des artistes et des gens riches, on écoutait Jacques, on acceptait sa musique, il ne pouvait être rien moins que millionnaire. Du reste, à peine savait-on qu'il allait faire sa première rentrée dans sa ville natale, que les imaginations vives assuraient déjà à qui voulait les entendre qu'il revenait avec des diamants en guise de boutons de gilets, des pièces d'or cousues à ses habits, et des centaines de mille francs dans ses poches.

Les préparatifs culinaires faits par sa famille pour le recevoir, confirmèrent ces fantastiques histoires, et l'écolier ne fut pas des derniers à y ajouter foi. En réalité, si les diamants, l'or et les millions le touchaient peu, échappant à son imaginative d'enfant, les gâteaux et les délices sucrées qui s'entassaient monumentalement dans la cuisine du rez-de-chaussée éveillaient en lui de formidables appétits et de sourdes convoitises.

Après la classe, il s'entendit appeler de la cuisine et ne fit qu'un bond jusqu'à la fenêtre.

« Tu sais, gamin, tu en seras, tu viendras fêter Jacques avec nous : ta place est marquée à table. »

Sa place ! il aurait sa part du festin qui se préparait ! Il faillit en sauter au cou de l'excellente femme, dans une exultante reconnaissance de l'estomac. Le soir ne lui sembla jamais arriver assez tôt.

Alors, bien assis devant son assiette, il regarda la longue table, où se succédaient les plats, les pyramides croustillantes de gâteaux, les flacons de vin du Rhin, sous la lueur chaude des lumières.

Remarquant combien cette mère était fière de son grand fils assis à côté d'elle, en roi de la fête, jouissant de ce triomphe du jeune musicien au milieu de ses compatriotes, l'enfant contemplait de loin avec une respectueuse admiration son ami Jacques, comme quelque chose de monumental et de gigantesque dont jusqu'alors il n'avait pu concevoir l'idée, quelque chose d'écrasant. Peu à peu, il se sentit pris de l'ardent désir de faire un jour comme lui, d'aller aussi à Paris, pour en revenir triomphant et pour s'asseoir de même à côté de sa mère, en face d'une table lourde de succulentes pâtisseries.

Ce fut l'éclair définitif qui traversa son cerveau ébloui et grisé, lui montrant la route à suivre, le but à atteindre, — Paris.

Certes, les enthousiastes paroles de M. Lion, les pantalons rouges de l'Alsacien Marx, les « c'est ça, une ville, Paris ! » de M. *Bijour*, et les récits enflammés de la grand'mère avaient largement préparé le terrain ; mais ce fut la fête offerte au fils Offenbach, à Jacques Offenbach, par ses parents et ses amis, qui acheva de donner un corps plus substantiel à tous les rêves magiques et brumeux qui, depuis le premier âge, poussaient vers la France, comme vers sa véritable patrie, celle de l'avenir, ce petit écolier inconnu qui se nommait Albert WOLFF.

IV

Albert Wolff avait environ sept ans quand lui arriva une de ces tragiques aventures dont le souvenir se grave avec une telle ténacité dans le cerveau malléable des tout petits, que jamais plus ils n'oublient ce qui s'est ainsi imprimé en eux au début de la vie, quels que soient par la suite les événements importants qui peuvent accidenter leur existence.

C'était un de ces faits qui, involontairement, ont une influence énorme sur un caractère et se dressent tout entiers, avec leurs vives couleurs et leur lamentable horreur, dans la mémoire, lorsqu'une catastrophe à peu près semblable se représente, ou qu'il en est question devant celui qui en a été témoin ou victime.

Certes, celle dont nous voulons parler n'est pas étrangère à cet esprit d'excessive tolérance et de grand libéralisme dont Albert Wolff a toujours fait preuve dans les questions politiques ou religieuses, chaque fois qu'il lui est arrivé de les aborder, c'est-à-dire rarement. C'est que toute vibrante la sanglante journée flamboyait dans son esprit comme elle avait flambé devant ses yeux d'enfant.

A propos des fêtes de Pâques, solennité que les Israélites célèbrent avec un soin et un déploiement de démonstrations qu'ils ont conservés des temps anciens, comme le *legs* du peuple de Dieu, Albert Wolff avait été envoyé par les siens chez une famille de leurs amis, dans un de ces délicieux petits villages qui bordent le Rhin, non loin de Cologne.

L'enfant, tout joyeux, plein de cette exubérance des enfants grisés par un premier voyage, se faisait une fête de ces quelques jours qu'il allait passer à la campagne, loin de la ville. Il arriva le dimanche chez le commerçant de bestiaux et de chevaux, Isaac, et fut reçu à bras ouverts par ces braves gens qui avaient l'habitude de le gâter.

Ils étaient tous là, en vêtements de cérémonie, depuis le grand-père, un vieillard de quatre-vingt-deux ans, qui ne quittait jamais son fauteuil de chêne massif toujours placé au coin de la cheminée monumentale où cuisaient les mets du festin, jusqu'à la fille d'Isaac, une belle créature de dix-neuf ans qui jouait à la maman avec le petit citadin de Cologne.

Avant d'arriver, le bambin avait naïvement admiré l'éclat de la jolie maisonnette repeinte du haut en bas en l'honneur des fêtes de Pâques, et ayant ainsi un joyeux air de coquetterie au milieu des habitations voisines.

En entrant dans la salle à manger, il poussa un cri de joie en apercevant déjà toute dressée, avec sa nappe de grosse toile blanche, ses douze couverts et ses préparatifs de large bombance, la grande table où, le soir, devaient prendre place la famille et les pauvres diables de l'endroit, qu'Isaac, dans un esprit de bon cœur et d'affectueuse charité, invitait toujours à se réunir aux siens, les jours de fête.

« Ah ! te voilà, petit ! »

Le vigoureux Isaac, un ancien soldat de Napoléon, souleva l'enfant entre ses bras et lui appliqua sur chaque joue un rude baiser, puis le passa à son fils, qui venait de rentrer tout dernièrement au logis paternel, après avoir fait ses trois ans de service dans la cavalerie prussienne, et aidait son père dans son commerce. — Finalement, après qu'il eut été embrassé par tous, on le planta sur ses jambes, auprès de la cheminée, et la jeune fille lui apporta des jouets pour lui faire attendre plus patiemment l'heure du repas.

Autour de lui on continuait joyeusement les préparatifs, sans soucis, sans préoccupations d'aucune sorte ; c'étaient d'amicales paroles, des rires, un remue-ménage gai et charmant, toute cette joie douce et calme d'un intérieur de famille vivant en paix et jouissant tranquillement d'un repos bien gagné.

Le maître de la maison allait et venait, portant solidement ses cinquante années, comme s'il n'avait pas traîné ses guêtres de champ de bataille en champ de bataille et de capitale en capitale. — Cœur excellent, d'une bravoure et d'une loyauté à toute épreuve, d'une intrépidité sans égale, rien qu'à le voir, à considérer sa tête martiale, ses joues tannées par les intempéries et brunies par les années de pluie, de vent, de neige et de soleil, ses moustaches rudes et grises, sa longue barbiche militairement coupée, on sentait qu'on se trouvait en présence de quelqu'un : il n'eût pas fait bon venir l'insulter ou lui chercher noise.

Du reste, il avait fait ses preuves dans la retraite de Russie, se battant comme un lion, relevant le courage de ses camarades, ne se laissant rebuter ni par la fatigue, ni par le froid, ni par la faim, et tenant toujours tête aux hordes de Cosaques qui poursuivaient la Grande Armée.

De retour au pays, accrochant son fusil au manteau de la cheminée, serrant religieusement son uniforme en lambeaux, il s'était marié, avait entrepris un commerce de bestiaux et de chevaux, et peu à peu avait amassé de quoi acheter la petite maison dans laquelle il espérait paisiblement finir ses jours, sur les bords du Rhin, entre son père et ses enfants.

La journée se passa ainsi tranquillement, sans rien d'extraordinaire ni d'anormal, et tout semblait faire présager que la fête serait complète, bien digne de la sainteté de la Pâque.

Le soir venu, Isaac et son fils, après avoir fait allumer les flambeaux placés de distance en distance sur la table, s'empressèrent de fermer soigneusement la porte et d'assujettir avec des barres et des verroux les volets de bois plein qui couvraient les fenêtres.

La précaution n'était pas exagérée, car, à cette époque, les Israélites des campagnes, dans certaines parties de l'Allemagne, étaient souvent en butte aux féroces persécutions de grossiers fanatiques et des gamins qui ne cherchaient que des prétextes pour faire preuve de haine religieuse contre eux. Il n'était pas rare de voir un enfant juif poursuivi dans la rue à coups de bâtons ou de pierres par des enfants chrétiens, et même lapidé par ces petits scélérats.

Une fois tout parfaitement clos, Isaac et les siens, ainsi enfermés, bien qu'ils ne pensassent pas avoir quelque chose à redouter de leurs concitoyens, étaient plus tranquilles et ne semblaient pas vouloir provoquer les railleries ou les insultes par l'étalage d'une des cérémonies les plus fidèlement observées de leur culte.

On se mit donc à table, en toute liberté d'esprit, avec une hâte joyeuse, après avoir eu soin d'installer au milieu le vénérable patriarche qui allait présider le banquet. — Les visages étaient souriants, les esprits calmes et doucement émus par l'imposant tableau. Les yeux tenus grands ouverts par le réjouissant aspect de toutes les bonnes choses qui encombraient la table, l'enfant se sentait heureux au milieu de ces gens qui l'adoraient.

Le vieillard, levant ses mains rendues tremblantes par l'âge, les étendit au-dessus de la nappe blanche qui couvrait le pain de Pâques, pour le bénir, et récita d'une voix lente, avec une respectueuse psalmodie, les premières prières destinées à appeler la grâce céleste sur ce repas et sur ceux qui allaient y prendre part.

On l'écoutait avec un silence si profond qu'un sourd et lointain murmure arriva peu à peu jusqu'aux convives. — Parfois la rumeur se taisait, pour reprendre plus vive, plus bruyante. Y avait-il au loin quelque rixe, quelque violente querelle ? — Les Israélites n'avaient pas à s'en préoccuper et ils essayèrent de s'absorber dans les paroles saintes que prononçait l'octogénaire, avec ce pénible effort de mémoire des vieillards qui tentent de se rappeler des choses sues autrefois.

Dehors, le tumulte gronda plus fort, avec une progression rapide, comme si on s'était rapproché. Puis, ce fut le terrible roulement de quelque brutale et farouche inondation, dont l'écume éclaboussait le pied de la maisonnette.

Les Israélites pâlissants levèrent la tête. Que signifiait cela ? Qu'arrivait-il ? A qui en avait-on ?

Plus de doutes, c'était une tumultueuse agression ; des cris sinistres clamaient sauvagement, dominant le grondement incohérent de la foule ; mais on ne pouvait encore percevoir les mots.

Boum ! Un volet trembla, secoué sur ses gonds par le heurt d'une pierre. Cette première attaque fut suivie d'un crépitement furieux ; une volée de pierres, lancées par une quantité de mains, venait de s'abattre contre le chêne plein de la porte et des volets.

Quelques hommes s'étaient dressés, s'armant au hasard d'une chaise, d'un bâton, d'un couteau.

« Que personne ne bouge ! dit Isaac à mi-voix. »

Les sourcils froncés, crispant les poings, il faisait impérativement signe à tout le monde de se taire.

Seul, le grand-père, dans son fauteuil, n'avait pas remué, balbutiant encore machinalement les derniers mots de la prière avec une douceur molle, désintéressée, ne prêtant aucune attention au tapage grandissant.

Maintenant, dominant le choc éclatant des pierres contre la maison et le murmure grondeur des assaillants, arrivaient distinctement à leurs oreilles des lambeaux de phrases hurlées, des mots pleins d'une terrible signification.

« Il faut les tuer tous ! L'enfant est chez eux ! »

De qui, de quoi parlait-on ? — Le petit, tout tremblant de cet horrible fracas, se demandait s'il s'agissait de lui.

Les hurlements, plus nets, se firent plus explicites :

« Les juifs ont volé l'enfant ! Ils l'ont assassiné pour tremper leur pain de Pâque dans le sang d'un innocent ! »

Et toujours ce refrain lancé à pleine gorge par une populace délirante :

« A mort, les juifs ! A mort ! »

D'autres, comme au temps exécré de la Saint-Barthélemy, criaient férocement, sans chercher à expliquer leurs violences :

« Tue ! Tue ! A mort ! »

Le vieillard ne comprenant pas, à demi en

enfance, avait achevé de s'assoupir, engourdi et lassé par l'effort inaccoutumé qu'il avait dû faire pour réciter les prières.

Isaac avait quelquefois entendu parler de scènes semblables, et il comprit. Sans doute quelque enfant chrétien avait disparu du village, et la foule, soulevée par des meneurs fanatiques, avait évoqué contre les juifs le sinistre préjugé du moyen âge qui les accusait de tuer un enfant chrétien le jour de Pâques pour célébrer la fête en buvant son sang. C'était absurde, insensé, odieux ! Mais avec une foule, on ne discute pas.

D'un coup d'œil, l'homme s'assura que les verroux et les barres ne céderaient pas, et, décrochant de la cheminée le fusil qui avait si rudement tenu tête à toute l'Europe, du temps des grandes guerres, il se jeta, tout en l'armant, dans le petit escalier conduisant au premier étage.

Pendant ce temps, le fils et sa sœur roulèrent le grand'père, toujours dormant dans son fauteuil, au fond d'un cabinet noir situé derrière la salle à manger, et y enfermèrent également l'enfant, terrifié par cette scène inattendue. Là on n'entendait plus qu'un mugissement sourd

provenant de la houle de cette population soulevée et des cris de toute sorte qu'elle lançait contre les habitants de la maisonnette.

Au bout de quelques instants, qui parurent
durer des heures au pauvre petit, une détonation déchira l'air de sa vibration sifflante,
puis d'autres suivirent. A ce bruit inaccoutumé, le vieux se réveilla, balbutiant à mi-
voix :

« Tiens ! des coups de fusil ! C'est donc la
fête du village ? »

Le petit ne s'y trompa pas : la bataille était engagée. Hurlant de peur, il se mit à pleurer et
chercha machinalement à fuir la menaçante
obscurité où il se trouvait. Sa petite main toucha la clef d'une porte, qui céda sous sa pres-
sion, et il rentra dans la salle à manger déserte.
Là aussi les ténèbres étaient complètes, les
lumières ayant été éteintes pour ne pas attirer
les regards des assaillants par les lueurs fil-
trant entre les volets.

En haut, une voix retentissait, donnant des
ordres, haranguant la foule et dominant les cla-
meurs, aussi forte, aussi intrépide que lorsqu'elle
criait autrefois : « En avant ! » à travers la ca-
nonnade et les éclats de la mitraille.

L'enfant, ayant trouvé l'escalier, monta, poussé par ce besoin inné de se trouver avec des gens qui parlaient et qui remuaient, et à demi glacé par cette espèce de tombe muette et sourde où on avait voulu l'enfermer.

Voici ce qui s'était passé pendant ce laps de temps.

Bravement campé à la fenêtre, son fusil à la main, et dessinant sa fière silhouette à côté de celle de son fils, Isaac criait aux agresseurs :

« Partez ou je tire ! »

Mais, de tous côtés, le même cri lui était jeté :

« Rendez l'enfant ! »

« Je vous dis qu'il n'est pas ici. »

Les hurlements reprenaient :

« Rendez l'enfant ! »

On ne voulait rien écouter, rien entendre, et le vieux soldat, époumoné et hors d'haleine, essayait vainement de raisonner cette multitude furieuse.

A un moment, le curé du village étant parvenu à se faire faire place, arriva jusqu'à la maison et tenta de calmer la foule :

« Mes amis ! mes chers amis ! »

Ses paroles de paix restèrent étouffées sous les grondements de plus en plus féroces :

« Rendez l'enfant! »

Alors le pauvre homme se retourna vers la maison, disant à Isaac:

« Ne craignez rien, ils vont se retirer. »

Il achevait à peine que les femmes et les enfants, massés en première ligne, reculant subitement comme à un ordre donné, les plus mauvais garnements du pays, jusque-là masqués par cette première ligne, commençaient les hostilités. Deux coups de fusil éclatèrent.

Isaac, touché à l'épaule, fit un mouvement en arrière. Son fils, exaspéré à la vue du sang paternel, mit en joue, et tira dans le tas: un paysan tomba. La lutte était engagée.

Une sorte de remous se produisit devant la maison, entraînant les assaillants, et le curé lui-même fut renversé sous les pieds des fuyards. Mais les agresseurs n'avaient fait que s'éloigner un peu pour tirer de loin. Les balles commencèrent à crépiter contre les murs et à trouer les volets. Isaac et son fils, calmes en face du danger, les tenaient en respect le fusil en joue.

Ce fut à ce moment que l'enfant, épouvanté, arriva dans la pièce du premier étage. On voulut inutilement le renvoyer en bas; il s'était cramponné après les jambes du fils et n'en voulait plus bouger, sans cesser de pleurer. Il assista donc à toutes les péripéties de ce terrible combat, pleurant plus fort chaque fois qu'une balle venait en sifflant s'enfoncer dans une poutre ou s'écrasait contre la pierre. Pendant deux heures la lutte continua impitoyable.

De nouveaux cris arrivèrent aux oreilles des assiégés :

« Le feu ! Il faut les brûler tous, les enfumer comme des renards ! Au feu les juifs ! brûlons-les. »

Isaac et son fils pâlirent. Cette fois, ils se sentaient perdus.

Déjà les femmes arrivaient, s'abritant derrière les bottes de foin et de paille qu'elles apportaient. La situation devenait terrible ; si on parvenait à mettre le feu, c'était fini.

— Écoute ! dit tout à coup Isaac à son fils.

Au loin un grondement sourd semblait rouler du côté de la grand'route.

— Qu'est-ce cela ?

L'ancien soldat n'eut pas besoin d'écouter longtemps pour se rendre compte de ce qui se passait.

— C'est le salut !

— Vrai ?

— Tu ne reconnais pas le galop des chevaux ?

— En effet.

On les distinguait parfaitement ; une cavalcade furieuse martelait le terrain sec de la route, et de la foule monta un grand cri :

« Sauve qui peut ! les gendarmes ! »

Isaac et son fils tombèrent dans les bras l'un de l'autre.

— Sauvés !

— Allons, petiot, sèche tes yeux, nous allons pouvoir nous remettre à table.

En quelques instants, les abords de la maisonnette furent déblayés ; les chefs de l'émeute, qui n'avaient pas eu le temps de jeter leurs armes, furent empoignés sur place et conduits en prison.

C'était le brave curé qui, comprenant qu'il ne pourrait sauver à lui tout seul les malheureux assiégés, avait été demander du renfort à la gendarmerie voisine, et avait eu le bonheur de pouvoir amener les gendarmes assez à temps pour empêcher un crime lâche et odieux. A la suite de cette chaude aventure, la moitié du peloton dut rester deux jours chez Isaac pour le protéger contre toute nouvelle attaque.

Le quatrième jour, enfin, il put respirer librement et reprendre sa vie calme : on venait de retrouver, vagabondant à travers les rues de la ville voisine, le petit chrétien, cause de cette scène de sauvagerie. Il s'était égaré en jouant dans la campagne et avait fini par être recueilli par la police.

Le jeune Albert Wolff garda l'ineffaçable vision de ce sanglant dimanche de Pâques. Plus tard il la retrouvera en lui toujours vivace, chaque fois qu'il entendra parler de troubles et de persécutions, et sa voix se fera souvent entendre contre les oppresseurs en faveur des opprimés, contre les persécuteurs en faveur des persécutés.

Nous avons cru utile de rappeler ici ce tragique épisode de la première enfance du journaliste, parce qu'il donne l'explication de tout un coin de son caractère et complète sa curieuse personnalité.

V

Le père d'Albert Wolff, petit paysan des environs de Cologne, était arrivé tout jeune dans la grande ville, sans un sou, sans instruction, sans recommandations d'aucune sorte, n'ayant qu'un bâton pour s'appuyer ; mais il avait le cœur plein de courage et d'espoir.

Il entra comme saute-ruisseau dans la maison d'un banquier et commença ainsi péniblement à gagner sa vie, se débrouillant tout seul, travaillant, étudiant et apprenant sans se lasser. Peu à peu, à force de volonté tenace, il parvint à monter en grade, en rendant des services plus importants ; ses fonctions chez le banquier grandirent en proportion des facultés nouvelles et des aptitudes qu'il montrait, et il fut nommé commis. Mais il ne s'arrêta pas là, élargissant

encore ses connaissances, tant et si bien qu'il
put à son tour s'établir banquier et changeur
dans cette même ville, où il était arrivé dénué
de tout. Désormais riche, considéré et influent,
il pouvait se reposer au milieu de sa nom-
breuse famille, son mariage lui ayant donné
sept enfants ; le huitième allait naître quand le
père mourut.

Le défunt laissait une belle fortune, mais
aussi une maison lourde à soutenir et pleine
d'enfants ; la mère dut se remarier pour faire
face à des occupations si multiples, ne pouvant
à la fois gérer l'héritage et soigner ses enfants.
Plus tard, à la suite de vicissitudes diverses, la
fortune paternelle fut si profondément atteinte
et ébréchée, qu'à la mort de leur mère, les
enfants n'eurent plus à recevoir que la dixième
partie de ce qu'ils auraient dû toucher.

Jusqu'à l'âge de dix ans, Albert Wolff, ainsi
que ses frères et sœurs, fut donc élevé au
milieu du plus complet confortable, et il put
dire qu'il avait grandi sous l'édredon. Aussi
les professeurs et les leçons ne lui manquèrent
pas ; mais on se heurtait au caractère le plus indiscipliné, le plus indépendant et le plus rebelle
qui se pût voir.

Déjà, à six ans, quand il se rendait à la fameuse école de la rue de la Cloche, l'école contiguë à la maison Offenbach, l'enfant qui voyait, tous les jours, en passant sur la place d'Armes, les conscrits manœuvrer sous la direction brutale des sous-officiers prussiens, se prenait à détester cette tyrannie. Au lieu de s'arrêter en badaud comme ses camarades, attirés par le costume militaire, il faisait tout bas le serment de se sauver n'importe où, plutôt que de subir un pareil joug, et s'empressait de gagner l'école.

Un très vif sentiment de révolte grandissait ainsi peu à peu en lui, devant se manifester souvent dans le cours de sa vie et le lancer à tort ou à raison contre les choses, les hommes ou les événements.

Naturellement ses études, suivies avec cet esprit d'indiscipline et de constante rébellion contre toute autorité, même légitime, furent plus qu'incomplètes.

Vers l'âge de dix ans, il eut le malheur de perdre sa grand'mère, la passionnée admiratrice de la France et de Napoléon Ier ; puis trois ans plus tard ce fut sa mère qui s'éteignit. Désormais c'en était fini de l'existence libre, facile et riche ; la vie de rude labeur allait commencer pour l'orphelin.

Tout partage fait, il lui revenait six mille francs, dont son tuteur, en vertu des droits donnés par la loi, employa le capital à continuer son éducation. Un si maigre héritage ne pouvait durer longtemps, et lorsque le tuteur vit arriver la fin de la petite somme, il annonça à l'enfant qu'il ne lui restait d'autre ressource que de travailler pour vivre.

Albert Wolff avait alors près de quinze ans ; il entra comme commis dans une maison de commerce, sans trop s'effrayer de la nouvelle et dure perspective qui s'ouvrait maintenant devant lui. Avec son caractère, il devait trouver dans un pareil métier bien des déboires, bien des désillusions ; mais ce qui le soutenait, c'était l'idée du père arrivé à Cologne sans ressources et parvenu à laisser une fortune en mourant. Pourquoi n'en ferait-il pas autant ? — Un tel exemple devait le soutenir durant toute sa vie de lutte acharnée pour arriver à se faire une situation.

Dans le commerce il lui fut impossible de rester longtemps chez les mêmes patrons, à cause de la sève révolutionnaire qui toujours bouillonnait dans ses veines, le poussant à des bravades, à des coups de tête, à des réponses plus vives que la réflexion. Dès qu'il avait quelques sous dans sa poche, il faisait le jeune homme, s'amusant à venir caracoler à cheval devant le magasin où il travaillait, fumant la gigantesque pipe des étudiants allemands, en dépit des remontrances de ses patrons : des congés en étaient forcément la conséquence.

Il est vrai de dire qu'il était soutenu et monté par les lectures toutes spéciales qui formaient à cette époque sa principale nourriture intellectuelle.

Ses deux auteurs favoris, ceux qu'il lisait ardemment, étaient des proscrits, des exilés ; l'un, véritable homme de génie, l'illustre poète Henri Heine ; l'autre, un puriste, un académique, une sorte de Paul-Louis Courier allemand, Louis Bœrne, tous deux réfugiés à Paris, loin de la patrie.

Henri Heine, ayant publié ses *Reisebilder*, où il émettait des idées politiques très avancées, sous l'impression encore vivace de la révolution de 1830, avait été forcé de quitter l'Allemagne, après un fougueux appel de journaliste à la démocratie allemande, et dès lors ses ouvrages avaient été prohibés et leur entrée interdite. Quant à Louis Bœrne, l'un des chefs les plus ardents du libéralisme allemand, il exerçait, même après sa mort survenue en 1837, l'influence la plus considérable sur l'esprit de ses compatriotes, et on continuait à lire sous le manteau les fameuses *Lettres de Paris* écrites en 1830 et envoyées secrètement de Paris à Francfort, sa ville natale, où la censure était moins sévère qu'à Cologne.

Albert Wolff s'exaltait à lire ces œuvres si différentes et si puissantes des deux proscrits, sans se préoccuper de la continuelle mésintelligence qui régna toujours entre ces deux natures d'élite, ni du duel au pistolet qu'une terrible injure de Henri Heine amena entre eux.

Il les confondait dans une même admiration, dans un même enthousiasme. En même temps, plus haut encore que toutes les voix précédentes, ils lui parlaient de la France, lui montraient la place superbe qu'on pouvait se faire là-bas, et accroissaient chaque jour son fiévreux désir d'aller à Paris.

————

VI

Pas un négociant ne voulait le garder : décidément il n'était pas d'humeur assez calme, ni de tempérament assez souple pour arriver à quelque chose dans les affaires.

Cependant, comme il fallait vivre, il quitta Cologne et parvint à trouver un emploi de copiste d'actes chez un notaire de Bonn. C'était un petit coin de la vie matérielle assuré, et ce travail machinal, mécanique, n'entravant en rien l'essor de l'esprit, lui permit de chercher des occupations plus intelligentes, de développer peu à peu les idées encore vagues et indécises éveillées par les côtés poétiques et littéraires des œuvres de Henri Heine.

D'abord, dans cette ville d'étudiants, il se

lia avec ceux qui suivaient les cours de physiologie, se sentant attiré par ce genre d'études,
rendu plus intéressant que d'autres par les
mystères vitaux qu'il tente d'expliquer et par
les appâts toujours nouveaux qu'il offre à la curiosité. Les étudiants en physiologie s'habi-
tuèrent à voir aller et venir au milieu d'eux
ce jeune homme qui, tout en ne prenant aucune
inscription à l'Université, tout en restant libre
de toute attache officielle, étudiait avec eux,
suivait les mêmes cours et s'intéressait aux
mêmes travaux. Les étudiants se divisant en
autant de corps qu'il y avait de spécialités
différentes à l'Université, Albert Wolff n'était
appelé par ses camarades du cours de physiologie que le *flâneur du corps.*

Néanmoins les études qu'il fit à cette époque se fixèrent pour toujours dans son cerveau,
à un point tel qu'aujourd'hui encore, il pourrait
soutenir la conversation avec nos médecins
les plus célèbres, sur certains points très déli-
cats de physiologie. Il s'amusa même, avec
un de ses compagnons d'alors, aujourd'hui le
fameux savant allemand Edouard Pflueger, à
faire de curieuses expériences sur des grenouil-
les décapitées. Plus tard il rappellera ce fait

dans deux de ses chroniques du *Figaro*, la première écrite à propos du discours de réception de Claude Bernard à l'Académie française, la seconde au sujet de l'exécution d'Albert en octobre 1877, et racontera des observations stupéfiantes recueillies par son ami et par lui.

Au milieu de ces différentes occupations, l'une servant à assurer son existence matérielle, l'autre à étendre ses connaissances et à meubler son cerveau, ce qui faisait sourdement son chemin en lui, c'était le désir d'écrire, de se mêler au mouvement littéraire qui s'agitait autour de lui. C'est alors qu'il put constater tout ce qui lui manquait et qu'il fut obligé de réparer le mal causé par son indiscipline d'écolier : ses études mal faites devaient être recommencées. Il se mit donc à travailler le soir, après avoir terminé sa journée, rapprenant l'histoire qu'il ne savait pas, faisant des extraits, des résumés comme un écolier. Il parvint ainsi à refaire tout seul son éducation, avec un âpre désir d'arriver.

Dès qu'il se sentit les reins assez forts pour se risquer, il s'adressa à l'un des journaux humoristiques de Dusseldorf, une feuille à

illustrations comiques, et donna quelques
articles qui furent acceptés; il composa même
des dessins, agrémentés de légendes, se rom-
pant peu à peu à ce métier.

Un jour, un éditeur de Berlin, M. Hoffmann,
vint à Cologne avec un de ses amis, pour voir
la ville qu'il ne connaissait pas, et exprima le
désir de faire une excursion en bateau sur le
Rhin.

Albert Wolff, mis en rapport avec l'éditeur
et son ami, offrit de leur servir de guide dans
cette petite tournée ; sa proposition ayant été
agréée, tous trois s'embarquèrent sur un des
grands bateaux à vapeur qui remontaient le
fleuve et firent le voyage de Cologne à Mayence.

C'était le premier voyage par eau tenté par
nos deux Berlinois ; ils eurent de telles transes,
des peurs si comiques, que le jeune journaliste,
frappé par le côté éminemment plaisant de cette
excursion, résolut d'en tirer profit. A son retour,
il fit une petite brochure de cent quarante
pages de texte, qu'il orna lui-même de quatre-
vingts dessins sur bois, et publia sous ce titre :
Voyage humoristique sur les bords du Rhin.

Le succès de ce petit volume fut colossal, si
colossal qu'il servit de point de départ à toute

une série d'imitations ; on s'empara de l'idée, trouvée fort bonne, et les volumes du même genre, conçus dans la même forme et le même esprit, inondèrent l'Allemagne.

Mais une nouvelle voie allait s'ouvrir à l'écrivain humoristique, révélant un côté encore inconnu de ce débutant de lettres, à peine âgé de vingt ans.

Dans une réunion amicale, qui se tenait habituellement dans une des bonnes familles de Cologne, quelques habitués convinrent de faire pour l'album de la maîtresse du logis, à l'occasion des fêtes de Noël, chacun un conte d'enfant.

Arrivant avec le sien, suivant les conventions, Albert Wolff se mit à en faire la lecture au milieu de la joyeuse assemblée de dames et de messieurs qui se trouvait ce jour-là au grand complet dans l'hospitalière maison. Cette première tentative du journaliste se nommait *Guillaume le Tisserand*.

Il s'agissait d'un jeune ouvrier vendant son âme au diable pour s'enrichir, et revenant couvert d'habits de soie, de velours et d'or. Le père indigné le repoussait, refusant de reconnaître son enfant sous cet accoutrement de seigneur, dont il suspectait l'origine.

Désespéré, Guillaume errait par les rues blanches de neige et s'abandonnait aux plus désolantes pensées. La nuit venait ; les cloches sonnaient la Messe de Minuit, et soudain il entendait des voix d'enfant qui chantaient. Toutes les paroles troublantes de cette chanson, que lui aussi avait chantée autrefois, venaient avec une irrésistible puissance frapper son cerveau et son cœur. Les sanglots emplissaient sa poitrine, et il tombait à genoux, sentant revenir sa raison. Il se relevait, fortifié, s'introduisait secrètement dans la maison paternelle, déserte en ce moment, et déchirait ses habits de fête pour revêtir l'humble souquenille d'artisan qu'il portait avant son départ du logis.

Le père revenait de la Messe de Minuit, la tête basse, songeant au fils chassé. En approchant de la maison, il prêtait l'oreille, croyant rêver.

De la modeste pièce qui servait d'atelier, un bruit régulier, bien connu, s'élevait : Toc, toc ! Toc, toc ! Toc, toc ! le bruit de la machine à tisser.

Il s'élançait, ouvrait la porte.

— « Mon fils ! »

Le jeune homme était là, courbé sur le métier,

comme autrefois. Le père et l'enfant, réconciliés, se jetaient dans les bras l'un de l'autre.

Plusieurs fois, durant la lecture de ce conte, le journaliste avait vu une émotion sincère et profonde accueillir les passages les plus saillants, la chanson d'enfance par exemple ; quand il eut terminé, autour de lui on pleurait. Ce fut un succès spontané ; de tous côtés on lui assura que sa véritable carrière était là, qu'il devait renoncer aux articles humoristiques, aux calembredaines de journaux, et se donner tout entier à ce genre de littérature. Certainement nul ne se rapprochait autant que lui des grands conteurs, comme Hoffmann et le chanoine Schmid.

Ce qu'on venait de faire découvrir à l'auteur de *Guillaume le Tisserand*, c'est qu'il possédait la note touchante, qui communique l'émotion. Cette qualité bien germanique perce dans plusieurs des meilleurs articles du chroniqueur, même sous le scepticisme dû à vingt-cinq années d'existence parisienne.

Dès lors, Albert Wolff se mit à faire des contes d'enfants ; comme, dans la plupart des grandes villes, les principaux journaux établissaient des concours dont la récompense était une somme d'argent, il envoyait sous pli cacheté, tantôt à Stuttgard, tantôt à Hambourg, quelque nouveau conte et remportait toujours le prix. C'était là aussi un moyen d'accroître ses faibles revenus; mais, continuant en même temps à écrire dans les journaux humoristiques, il avait dû adopter le pseudonyme de V. Albert, sous lequel tous ces contes d'enfants ont paru.

Les succès de V. Albert attirèrent sur lui l'attention d'un grand éditeur de Berlin, M. Winkelmann, qui lui proposa un traité par lequel il s'engagerait à lui fournir, pour une durée de cinq ans, deux volumes de contes par an. Il ne donna à son éditeur que trois contes; le quatrième était commencé, lorsque emporté par ses continuelles velléités de liberté et sa haine de toute entrave, il partit en 1857 pour Paris. Il rompait du même coup le traité et abandonnait à son éditeur les trois premiers contes déjà livrés.

Ici nous pouvons placer l'épisode qui, douze ans plus tard, termina cette affaire.

En 1869, Albert Wolff, de passage à Berlin, eut la curiosité de savoir ce que pouvaient être devenus ces fameux contes dont il n'avait plus jamais entendu parler. Il se rendit chez M. Winkelmann et demanda à l'entretenir en particulier.

« Que désirez-vous, monsieur? fit l'éditeur en invitant son visiteur à entrer dans son cabinet.

— Oh! je n'ai qu'un mot à dire, une simple question à vous adresser.

— Faites.

— En 1856, vous avez passé un traité pour des contes d'enfants avec un certain M. V. Albert.

— Parfaitement.

— Il vous en a livré trois et n'a pas continué.

— C'est exact.

— Voudriez-vous me dire ce que ces contes sont devenus?

— Quel intérêt pouvez-vous avoir à cela?

— Je suis monsieur V. Albert.

— Ah! vous êtes ce misérable! » s'écria l'éditeur, rouge de colère. «Ah! c'est vous qui signez des traités et ne les remplissez pas! Sortez, monsieur, sortez! »

— Pardon, monsieur Winkelmann, auriez-vous la complaisance de prendre d'abord connaissance de cette carte? »

Le rédacteur du grand journal parisien tendit sa carte à l'éditeur :

« Albert Wolff. »

« Vous êtes M. Albert Wolff? fit l'autre stupéfié.

— Oui..

— Le chroniqueur du *Figaro?*

— Lui-même.

— Mais alors ?. . . .

— Autrefois je signais mes *Contes* V. Albert.

— Oh! monsieur, monsieur, que d'excuses! Asseyez-vous donc, je vous en prie. »

L'éditeur, tour à tour blême et cramoisi, ne savait plus que dire, quelle contenance prendre.

« Qu'avez-vous fait de mes trois contes?

— Je les ai incorporés dans un volume pour les enfants. »

Et il se disposait à aller chercher le livre en question pour prouver ce qu'il avançait.

« Non, merci, cela me suffit, reprit le journaliste parisien. Je n'étais venu vous faire cette petite visite que pour vous dire qu'il y a des moments dans la vie où un grand éditeur comme vous, un homme riche, arrivé, doit montrer quelque indulgence pour un pauvre diable d'écrivain qui, par jeunesse, par inexpérience, se livre à lui pieds et poings liés. Vous n'avez pas été charitable, monsieur, c'est ce que je tenais à vous faire sentir. »

Il sortit, laissant l'éditeur abasourdi et confus de la leçon.

Avant d'aller en France, il avait eu encore une sorte de fugue, faisant une tentative du côté de la peinture et paraissant rompre brusquement avec les projets littéraires qu'il indiquait jusque-là.

Par un coup de tête inattendu, il quitta Bonn, la ville des étudiants, pour Dusseldorf, la ville des artistes, comme l'appelle Gérard de Nerval dans sa *Lorely*, dans ses *Sensations d'un voyageur enthousiaste*. Il se mit à fréquenter des artistes, des peintres, se faisant initier aux intimes secrets de l'Art, s'éprenant d'une folle passion pour la peinture.

Quand il se trouvait avec ses nouveaux amis, bien qu'il continuât à écrire dans les journaux, il n'avouait pas que c'était là son véritable métier; au contraire, rougissant de faire de la littérature, il disait, d'un air aussi dégagé que possible, qu'il faisait cela seulement pour s'amuser, mais que sa vraie, vraie vocation était de devenir peintre.

A Dusseldorf il ne continua pas longtemps la peinture, se laissant reprendre à la démangeaison mordante de l'écriture, guerroyant dans les petits journaux avec une verve que les difficultés avivaient. Il fit une guerre acharnée au nouveau directeur du théâtre de la ville, qui avait succédé à un directeur très intelligent et très regretté, une guerre légendaire dont le pays se souvient encore.

Enfin, il s'était lié avec Larson, le grand peintre suédois, quand celui-ci manifesta le désir d'aller à Paris où il venait d'envoyer, pour l'Exposition de 1857, une immense toile représentant un soleil couchant dans la mer du Nord; ce tableau eut même les honneurs du Salon carré.

Ne sachant pas un mot de français, le Suédois offrit au jeune homme de l'emmener comme interprète, ce qui fut accepté avec joie.

Albert Wolff s'empressa d'aller annoncer à un vieux peintre de Dusseldorf, un ami, ce départ, depuis si longtemps désiré et sur le point de se réaliser. Souvent il lui avait fait ses aveux à ce sujet, le prenant pour confident et lui répétant :

« Ici j'étouffe, je n'ai pas assez d'air pour respirer, pour me développer. »

Cette fois il venait s'écrier, tout joyeux :

« Je pars! Je vais en France! à Paris!

— Vous avez raison, répondit le vieillard, partez! Comme l'a si bien dit notre immortel Gœthe : Dans un cercle étroit, l'esprit se rapetisse ; l'homme grandit avec ses ambitions. »

Le jeune écrivain allemand entreprit ce voyage de France sans savoir que désormais il allait pour toujours changer de patrie et que son domicile définitif serait Paris.

Encore s'en fallut-il de bien peu de chose que ce beau voyage ne s'arrêtât à mi-chemin et que l'avenir rêvé ne se réalisât jamais.

A six heures du matin, le 1er mai 1857, le train, franchissant la frontière, entrait en gare de Jeumont. Il touchait la terre promise ; sa joie devenait du délire. Les voyageurs avaient successivement passé devant les douaniers, devant les gendarmes, quand un commissaire de police réclama à Albert Wolff le passeport exigé à cette époque.

Le jeune homme pâlit, balbutiant :

« Je n'en ai pas.

— Alors vous ne pouvez continuer votre voyage.

— Mais j'accompagne monsieur, qui est peintre et qui a un passeport. »

Et il montrait Larson, qui ne pouvait le soutenir que par ses gestes, ne comprenant pas la langue.

« Vous ne passerez pas ! »

Il eut beau insister, prier, supplier, le commissaire de police restait inébranlable.

« Mais c'est aujourd'hui même l'ouverture du Salon, il faut que nous soyons à midi à Paris. »

Tous ses efforts se brisaient à un refus catégorique. Le coup de sifflet retentit ; tout était perdu.

Le malheureux faisait une si piteuse figure, il avait l'air si naïvement et si franchement désolé, qu'au dernier moment le commissaire le laissa partir. Il n'était que temps ; une seconde de plus et il restait à la frontière : sa carrière de chroniqueur parisien n'a tenu qu'à ce fil.

En chemin de fer il eut la bonne fortune de voyager avec le baron Cotta, le fameux éditeur de Stuttgard, qui, en même temps qu'il avait le monopole des grands classiques allemands, était directeur de la plupart des grands journaux. Le baron Cotta, après quelques instants de conversation avec son compagnon de route, lui proposa de faire *le Salon* dans la *Gazette d'Augsbourg.*

De plus, grâce à des recommandations, la *Gazette de Cologne*, la feuille la plus importante de sa ville natale, lui ouvrait son feuilleton pour y faire des *Courriers de Paris.* Disons qu'il n'en parut que deux ; le deuxième contenait une telle apologie de Paris, qu'immédiatement après on lui signifia d'avoir à cesser cette collaboration, ses articles étant trop frivoles pour un journal sérieux : ce n'était qu'un prétexte, mais le jeune Allemand comprit les raisons vraies de cette suppression.

Depuis, Albert Wolff n'écrivit plus jamais dans aucun journal allemand, refusant toutes les propositions qui lui furent faites pour cela, notamment les offres fort brillantes du directeur d'une grande feuille de Vienne.

Il importe, pour répondre à des accusations mensongères, colportées à certaine date douloureuse de notre histoire, d'établir nettement que depuis ce Salon, dans la *Gazette d'Augsbourg* et ses deux Courriers dans la *Gazette de Cologne*, c'est-à-dire depuis 1857, aucun journal d'Allemagne ne reçut d'article ni de correspondance d'Albert Wolff.

VII

Il y était donc enfin, à Paris, ce Paris dont
il rêvait depuis l'enfance, ce Paris que les
choses et les hommes lui avaient appris à désirer, ce Paris dont on lui avait inculqué lentement la passion, ce Paris qui obsédait si
terriblement son cerveau!

Comme Henri Heine, comme Louis Boerne,
comme Jacques Offenbach, il y était à son tour.
Il allait connaître ce peuple gai, rieur, toujours
en fête, tel qu'il le voyait dans les joyeux romans de Paul de Kock; imitant les héros du
fécond et universel romancier, il pourrait aller
à Belleville, manger des huîtres au Rocher de
Cancale, cueillir des cerises à Montmorency,
vivre au milieu de cette population qui de loin

lui apparaissait vive, spirituelle et bon enfant. Son rêve le plus cher se réalisait ce jour-là.

Mais, quand il se trouva en plein cœur de Paris, après une seconde et secrète impression de joie, il commença à réfléchir; il pensa que tout n'était pas encore dit, qu'il y avait bien autre chose qu'il ne soupçonnait même pas et dont on n'avait pu jusqu'alors lui donner une idée.

Dans le remuement fou des grands boulevards, tout palpitants d'une vie fébrile et pressée, il allait lent, grave, pris d'une mélancolie noire qui lui serrait la gorge et lui pesait sur le cœur.

La conscience vague de son automatique raideur d'étranger lui venait, avec le sentiment tous les jours grandissant de la multitude de choses paraissant le séparer à jamais de cette allure vivace et exubérante du Parisien, de cette physionomie pétillante d'esprit, de cette houle blagueuse et sceptique qui est comme l'ensorcelante atmosphère de Paris.

Ah! comment arriver à cette transformation! Comment dépouiller l'enveloppe raide et gourmée qui trahissait son origine germanique! Il se désespérait parfois, ne croyant jamais pouvoir y parvenir, car il ne s'agissait pas seulement de changer de costume ni de manières ; à la longue, on parvient à acquérir cette désinvolture dégagée qu'il voyait aux jeunes gens passant et repassant auprès de lui. Mais, vaincre son accent, se débarrasser des nuages et du sentimentalisme brumeux des bords du Rhin, s'initier aux secrets de cette langue vive, alerte, qui n'est certainement pas la plus pure, ni la plus grammaticale de toute la France, mais qui est une sorte de quintessence du français et se nomme : le parisien ! Il y renonçait, d'abord, épouvanté !

Certes, l'excellent M. Lion lui avait appris à se perfectionner dans la belle prose imagée de Fénelon, mais entre le *Télémaque* et ce parisien, cette langue composée de blague féroce, d'énorme jobardise, de potins et d'enthousiasme, — il y avait un monde !

Tout à apprendre. Il ne savait rien, rien ! Lui, qui avait déjà sa petite célébrité de terroir, lui, qu'on connaissait à Cologne, à Bonn, à Dusseldorf surtout ; à Paris, il se noyait au plus épais, au plus inconnu de la foule.

Certes, à le voir passer ainsi, tout triste, la mine longue et l'air lugubre, nul n'aurait soupçonné le monde d'ambitieuses pensées qui gonflaient son cerveau; nul n'aurait pu deviner, sous cette forme funèbre et quasi grotesque, celui qui devait un jour tenir dans sa main plus d'une destinée littéraire ou artistique.

En réalité, c'était la seconde fois qu'il venait à Paris; mais il ne saurait être question ici que pour mémoire du premier voyage, fait à quatorze ans, sous l'influence de sa famille, alors qu'on essayait de le lancer dans le commerce et de lui faire faire son apprentissage de négociant. De ce premier et rapide voyage, qui avait eu lieu à un âge où on ne sait ni regarder, ni voir, il ne lui était resté que le désir fou de revenir, que l'absolue résolution de ne pas être commerçant, résolution qui se manifesta, ainsi que nous l'avons vu, par une vocation déclarée pour l'art et les lettres.

En 1857, dès les premiers pas à travers les rues de la capitale, dès les premières heures vécues dans ce milieu ardent et hautement intellectuel, il comprit qu'il ne pourrait vivre ailleurs. Là seulement, à ce contact permanent d'hommes et de choses, à ce frottement d'art, de sciences, de progrès et de scepticisme, pourraient se développer toutes les idées en germe qui le hantaient, sans trouver d'issue, sans avoir pu encore s'affirmer

Alors, tout en adressant à la *Gazette d'Augsbourg* les articles qu'il s'était engagé à faire sur le Salon, tout en cherchant à s'habituer à l'esprit français, aux coutumes françaises, et en ne cachant ni ses étonnements, ni ses émerveillements dans ses Courriers destinés à la *Gazette de Cologne*, il préparait peu à peu la grande transformation qui devait, du petit conteur allemand, faire le grand journaliste français.

Avant tout, il s'agissait de vivre, de trouver un emploi, quelque chose d'assez lucratif pour ne pas être forcé de retourner à Cologne et à Dusseldorf. Dès ce moment, il avait pris l'irrévocable résolution de se fixer pour toujours à Paris.

Après de longues recherches, ne voulant ni se mettre dans le commerce ainsi qu'il en aurait eu la facilité, grâce à un frère domicilié à Paris, ni entrer dans le terrifiant engrenage de notre Administration, il eut l'idée d'offrir ses services aux grands auteurs dramatiques pour la traduction de leurs œuvres en langue allemande, de manière à ce qu'on pût ainsi les adapter aux différentes scènes de l'Allemagne ou de l'Autriche.

Naturellement, à l'exemple de tous les débutants de cette époque, il songea d'abord à l'écrivain universellement connu, aimé et admiré, à celui qui attirait les regards et forçait l'attention de la terre entière, à Alexandre Dumas.

Le grand et bon romancier, l'illustre auteur dramatique, employait comme secrétaires la plupart des jeunes gens qui mordus de la fièvre littéraire, venaient lui demander le patronage de son nom ; ils trouvaient un refuge momentané sous son ombre énorme. C'est ainsi que presque tous les écrivains de nos jours ont été secrétaires d'Alexandre Dumas.

Albert Wolff, comme les autres, se dit que le salut pour lui se trouvait sans doute là.

Timide, tout tremblant, avec une intimidation grossie de toute la réputation de notre glorieux littérateur, il se rendit rue d'Amsterdam, chez le Maître. La manière dont il fut reçu donne à elle seule un aperçu familier et bien typique du grand homme, toujours si accueillant, accessible à tous.

Le jeune homme entre, traverse plusieurs pièces et est introduit dans une dernière occupée par une baignoire. L'auteur d'*Antony*, des *Mousquetaires*, etc., etc., était dans son bain. Il tendit à son visiteur une main mouillée que celui-ci serra respectueusement, et lui demanda ce qu'il désirait.

Quand il eut expliqué son cas et fait ses offres de traducteur, Dumas l'informa qu'il l'attachait à sa personne comme secrétaire ; c'était entendu, il entrerait en fonctions de suite. Hâtons-nous d'ajouter qu'au bout de six mois, malgré l'excessive bonté de l'écrivain, la question d'argent étant toujours difficile, presque invraisemblable, dans cette maison hospitalière où tout le monde venait emprunter à celui qui ne savait jamais refuser, Albert Wolff dut quitter un emploi qui ne lui rapportait pas trente francs par mois.

Une lettre du père l'appuya auprès du fils, qui demeurait alors 10 bis, rue de Boulogne, dans un petit hôtel passé plus tard entre les mains de Paul de Cassagnac, et devenu aujourd'hui la propriété de notre confrère Roger Ballu.

La réception fut très dure et très caractéristique. Dumas fils, qui avait un profond mépris pour tous ceux qui exploitaient si indignement son père, en abusant d'une bienveillance universellement connue, accueillit fort mal ce nouveau venu. A sa proposition de traduire pour le théâtre de Vienne sa pièce *Le Père prodigue*, il commença par répondre :

« Avez-vous vingt-cinq francs à me donner? »

Vingt-cinq francs! Le pauvre garçon ne possédait rien et resta bouche béante devant son interlocuteur.

« Là! vous voyez bien, vous êtes tous les mêmes, vous venez nous promettre monts et merveilles, si nous vous accordons l'autorisation que vous nous demandez, et puis après, plus rien. Comment pouvez-vous me garantir que je toucherai quelque chose sur la traduction de mes pièces que l'on jouera à Vienne ou autre part, si vous n'êtes pas seulement capable de me faire une avance de vingt-cinq francs?

Wolff était si déconfit, si penaud, que Dumas fils finit par en avoir pitié, et, comprenant qu'il ne devait pas le confondre avec les exploiteurs de son père, il lui donna la permission de traduire *Le Père prodigue*. Grâce à Alexandre Dumas fils, Albert Wolff allait pouvoir commencer à vivre de son travail littéraire à Paris; de là une reconnaissance qui devint une bonne et franche amitié.

Pensant aussi que Dumas père devait avoir des amis partout, son jeune secrétaire lui avait demandé une lettre de recommandation pour Scribe, dont on allait jouer *Les doigts de fée;* mais il lui répondit sèchement, à son grand étonnement :

« Je ne connais pas M. Scribe. »

Wolff ignorait que les deux écrivains étaient en ce moment à couteaux tirés et se détestaient. Acceptant de bonne foi la réponse de son patron, il résolut de se tirer d'affaire tout seul, par un peu d'aplomb. Il écrivit à M. Scribe pour lui demander un rendez-vous, ayant à lui faire une communication de la plus haute importance. Il lui fut répondu de venir ; la lettre avait réussi.

Un matin il se rendit donc rue Ollivier, la rue de Châteaudun actuelle, et, introduit dans une pièce tapissée de livres sur ses quatre faces, attendit, plein d'émotion, le résultat de sa visite. Tout à coup, un des panneaux, chargé de volumes, s'ouvrit, livrant passage au maître du logis, qui l'introduisit dans son cabinet. Là, toute l'attention du jeune homme se détourna de Scribe pour aller à un homme assis dans un fauteuil, l'illustre compositeur Auber, dont il ne pouvait plus détacher ses yeux.

Après avoir exposé sa requête et que Scribe l'eut acceptée, il ajouta, pour s'excuser de sa lettre, qu'il avait d'abord voulu se faire présenter par Alexandre Dumas, n'osant se présenter tout seul.

« M. Alexandre Dumas ! connais pas ! » riposta d'un ton raide l'auteur des *Doigts de fée*.

Ce fut alors que le jeune homme put se faire, pour la première fois, une idée de la cordialité des relations existant entre les écrivains et se préparer aux luttes de la vie de littérateur.

Après ces célébrités, il s'adressa à Théodore Barrière, l'homme qui avait le plus mauvais caractère qu'il soit possible d'imaginer. Wolff se fit présenter à lui au sujet des *Fausses bonnes femmes*, que l'on était en train de répéter. Barrière demeurait boulevard du Temple, en face du café Turc. Brouillé, grâce à son humeur terrible, avec tout Paris, il ne fût pas fâché de s'attacher ce petit Albert Wolff, dont il allait faire un séide ; dès lors il ne se sépara plus de lui, le promenant partout, l'emmenant toujours, le tenant comme une sorte d'esclave, par la promesse de faire un jour une pièce avec lui.

Ce fut Barrière qui, le présentant à chacun, acheva de le lancer dans la population particulière des boulevards, dans le monde artistique et littéraire. Lui et Ernest Blum, dont il fit la connaissance au café Turc, furent les deux intimes de Théodore Barrière ; ils colportaient ses bons mots et ses féroces boutades dans tous les cafés et les restaurants où ils allaient. De telle sorte qu'on les avait surnommés *Les Rôdeurs de Barrière.*

En même temps qu'il lui apprenait à connaître tout Paris, l'auteur des *Faux Bonshommes* lui donnait ce conseil :

« Si vous voulez réussir à Paris, marchez sur les pieds des passants : ils s'arrêteront pour vous regarder. »

C'est en se rendant chez Barrière qu'il lui arriva de rencontrer, sous la porte cochère, un jeune homme pâle, malingre, dont la physionomie étrange le frappa tellement, qu'il demanda à l'auteur dramatique quel était ce garçon qui' semblait sortir de chez lui. Celui-ci répliqua par ce mot prophétique :

« C'est le génie du théâtre ».

L'inconnu se nommait Victorien Sardou.

En attendant que leur grincheux patron leur

frayât, comme il l'avait toujours promis, le chemin de la gloire, Ernest Blum et Wolff faisaient ses courses, supportaient ses boutades et souffraient de mille manières à son épineux contact ; mais leur pire misère était de subir une domination plus dure, plus humiliante, celle de la femme qui vivait à cette époque avec l'écrivain, une véritable harpie, qui plus tard a épousé un marchand de parapluies du Midi. Avec son caractère indompté, Albert Wolff avait d'épouvantables révoltes, qu'il ne pouvait toujours contenir et qui amenaient des scènes épiques.

Cependant ses traductions lui ayant facilité les débuts, il s'habituait peu à peu à la vie de Paris; aux mœurs françaises, à cette langue qui l'effrayait tant au premier abord. Du reste à cet égard, il avait pris un parti énergique, celui de rompre avec tous les Allemands qu'il pouvait connaître à Paris, de ne plus parler allemand, de ne causer qu'avec des Français et en français. Il ne voyait que son frère, établi dans la capitale, mais il avait convenu avec lui que leurs conversations auraient toujours lieu en langue française.

C'est sans doute à cette ténacité que le chroniqueur parisien doit la facilité avec laquelle il parle et écrit dans notre langue ; on ne saurait expliquer autrement la manière dont il s'est assimilé, jusque dans ses périphrases énigmatiques et ses ellipses caractéristiques, le parisien, notre argot familier des boulevards, des ateliers et des salons.

Mais, à mesure qu'il fréquentait davantage les différents endroits où les hommes de lettres se réunissaient, il sentait plus âpre, plus ardent, grandir en lui le désir de devenir journaliste. Parmi les feuilles nouvelles, une surtout l'attirait par ses séductions multiples, par le talent et l'esprit de ses rédacteurs, par sa verve tapageuse, c'était le *Figaro*, dont la vogue s'étendait de plus en plus, affirmée par trois années d'existence et devenu bi-hebdomadaire après n'avoir paru qu'une fois par semaine, à ses débuts.

Souvent Albert Wolff se dirigeait vers le café de Mulhouse, où se réunissaient les rédacteurs de ce petit journal.

VIII

Les maisons voisines, encadrant la cour
jusqu'à une grande hauteur, ne laissaient pénétrer aucun des brûlants rayons du soleil d'été,
et, au-dessus des arbres maigres qui procu-
raient aux habitués du café l'illusion peu trou-
blante d'une tentative de jardin en pleine fournaise parisienne, un carré de ciel bleu d'où
tombait une atmosphère embrasée pesait sur
les consommateurs, assis autour des tables qui
débordaient du café de Mulhouse jusqu'à ce
parc fantomatique.

A midi, lorsque l'établissement était plein, à
travers la fumée des cigares, des pipes, des
cigarettes, dominant le cliquetis sec des dominos remués sur le marbre, les bruits de vais-

selle de ceux qui déjeunaient, un tapage de rires, de conversations folles et de bruyants appels montait sans arrêter de quelques tables placées en plein air.

Au centre un homme corpulent, aux rudes moustaches, d'une attirante rondeur, riant plus haut et plus fort que les autres, s'adressait d'une grosse voix bon enfant à plusieurs de ses compagnons, dont les uns écrivaient, les autres épluchaient des journaux et quelques-uns rêvassaient, avec des rappels soudains de railleuses paroles et de gaîté violente.

Tandis que nul des consommateurs attablés dans le café ou dans la cour, ne semblait s'occuper de ce groupe turbulent, un jeune homme pâle, les cheveux longs tombant à la mode allemande sur le fantastique collet d'une redingote taillée sur les modèles de 1830, redingote dont les basques démesurées battaient ses talons, dirigeait sur lui toute l'acuité de ses regards brillants et étonnés. Sa figure imberbe et livide émergeait comiquement d'un faux-col énorme, et, oubliant la consommation placée devant lui, il ne s'intéressait à rien en dehors de cette contemplation obstinée.

La rumeur sourde et continue, entrant par la

longue allée sombre qui reliait le café au boulevard Montmartre, apportait un écho de la vie
parisienne jusqu'au fond de cet antre curieux
et formait la basse uniforme et soutenue, sur
laquelle se détachaient les stridents éclats lancés
par ces Parisiens endiablés.

L'homme du milieu, celui que les autres
écoutaient avec une affectueuse déférence, à la
fois comme un maître et comme un ami, c'était
M. de Villemessant, le rédacteur en chef du
Figaro, la petite feuille tapageuse, enragée
d'actualité et de modernité, qui faisait déjà tant
parler d'elle, à force de remue-ménage, de diable au corps et de talent. Autour de lui se réunissaient des jeunes gens fougueux, ardents,
parfaitement à l'unisson de cet homme extraordinaire qui semblait réellement posséder le génie du journalisme et la prescience de l'influence colossale que la presse pourrait avoir, si
on la dirigeait dans un sens que son flair lui
indiquait.

Des appels, des disputes, des discussions
jetaient à chaque instant aux oreilles de l'ob-
servateur taciturne des noms que l'on commençait à connaître, à remarquer et même à
rechercher, Auguste Villemot, Jules Noriac,

Alphonse Duchesne, Jean Rousseau, Charles Bataille, Paul d'Ivoi, Aurélien Scholl, Charles Monselet, Alfred Delvau, d'autres encore.

Celui qui les admirait ainsi de loin, les enviant comme des êtres à part, des modèles, c'était Albert Wolff, essayant de se familiariser avec la vue et les habitudes de ceux au milieu desquels il eût voulu vivre et travailler.

A l'heure du déjeuner, sûr de les rencontrer, il venait là inconnu et craintif, dévoré de sourds désirs. Il les regardait sans se lasser, dans une envie de tout son être le poussant déjà vers eux, lui indiquant sa place à cette table où l'encre noircissait le papier, où les articles se soudaient les uns aux autres sous l'œil vigilant et intelligent du rédacteur en chef, pour composer un de ces numéros spirituels, cancaniers, boulevardiers et si vivants qui éclataient dans Paris comme des pièces d'artifices.

Albert Wolff s'était renseigné sur ce journal, dont l'esprit et l'allure avaient de telles attractions pour lui. Il savait comment avait été composé le premier numéro, le 2 avril 1854, trois ans auparavant, avec sa préface de B. Jouvin, la chronique type d'Auguste Villemot, l'article Beaux-Arts de Louis Énault et l'histoire de l'ancien Figaro, par Jouvin et de Villemessant.

Les principaux rédacteurs ne lui étaient pas inconnus ; il s'était familiarisé avec ces jeunes écrivains, aux débuts pleins de fougue, depuis celui qui signait en 1856 *Valentin de Quevilly* les *Lettres d'un bon jeune homme*, avant de rejeter le pseudonyme qui cachait le brillant normalien, le spirituel Athénien et de répandre si puissamment ce nom à l'étincelant relief, Edmond About, jusqu'à *Satané Binet*, le masque du futur grand critique Sarcey de Suttières, Francisque Sarcey, et avec eux Auguste Villemot, le prince de la chronique, Aurélien Scholl, aussi brave que débordant d'esprit.

Mais rien ne pouvait lui avoir appris ce qu'il voyait en ce moment, cette manière amusante de composer un journal, ce mouvement, cette palpitation de vie chaude et vibrante, qui étaient l'âme, le cœur et le sang de la petite feuille parisienne.

La vision lointaine s'était rapprochée ; il n'avait qu'à étendre la main pour frôler celle de ce beau mousquetaire à la tête fière, à l'allure de gentilhomme et de militaire, qu'on venait de nommer devant lui, Jules Noriac. Il aurait pu toucher le bout de la cravache posée en travers de la table, où griffonnait activement un journaliste aux cheveux frisés, au nez fortement retroussé, à l'aspect trapu, qui était Charles Bataille. Il contemplait avec admiration ce jeune homme qui, le monocle dans l'œil, la moustache relevée, faisait des dégagés avec sa canne, tout en causant avec un petit bègue qu'il appelait Jean Rousseau et qui lui répondait :

« Certainement, Scholl, certainement! »

Un jour qu'il les regardait ainsi, avec une extase voisine de l'ahurissement, s'étant habitué à en faire des dieux et se désillusionnant un peu à mesure qu'il pénétrait davantage leur déshabillé, un incident extraordinaire les lui montra sous un nouvel aspect.

Un homme, très élégant, entra dans la cour d'un air si décidé, avec son chapeau sur la tête, que Wolff s'intéressa aussitôt à lui; se demandant quel pouvait être cet inconnu, sans doute un journaliste qu'il ne connaissait pas. Mais le nouveau venu, marchant droit à Charles Bataille, le toucha de son gant à la joue. D'un bond le journaliste fut debout et, saisissant la cravache toujours placée devant lui, il coupa la figure de celui qui venait l'insulter.

Jules Noriac, se jetant entre les deux hommes, empêcha la dispute de dégénérer en d'autres voies de fait, et le cravaché se retira après avoir crié d'une voix formidable :

« Je vous tuerai, Monsieur ! »

Le rédacteur interpellé ne parut pas s'émouvoir outre mesure de cette menace, tandis que de Villemessant s'empressait de désigner Noriac et Scholl comme les plus habitués à ce genre de choses, pour servir de témoins à Charles Bataille. Tout réjoui de ce duel qui allait faire parler du journal et par conséquent accroître sa vogue, le directeur du *Figaro* se frottait les mains, murmurant :

« Allons ! allons ! Ça va bien ! »

Aucun des consommateurs présents n'avait seulement tourné la tête ; les joueurs de dominos continuaient paisiblement à demander du trois, à crier « blanc partout » ou à bouder ; les tripoteurs de cartes n'interrompaient ni écarté, ni piquet ; les autres achevaient paisiblement de vider leur chope ou d'avaler leur déjeuner. Des coups de cravache, un duel ! Bah ! c'était tous les jours la même chose. L'habitude les avait cuirassés contre de pareilles vétilles.

Très ému de cette scène violente, Albert Wolff interrogea son voisin, qui lui semblait fort respectable. Celui-ci, un ancien avoué, quitta *Le Constitutionnel* qu'il était en train de lire, pour répondre au jeune Allemand.

En quelques mots il le mit au courant des manières d'agir de messieurs les journalistes, citant des exemples, rappelant que le rédacteur en chef du *Figaro* avait déjà eu cinq ou six affaires depuis la création de son journal ; que l'un des rédacteurs, Henri de Pène, se trouvait en ce moment, à moitié mort, dans une auberge du Pecq, avec un coup d'épée dans le foie ; que tous les autres avaient également fait leurs preuves sur le même terrain.

Puis, avec cette prévenance paternelle des vieilles gens en présence de la jeunesse, l'ancien avoué demanda à Albert Wolff ce qu'il faisait. Celui-ci, tout décontenancé par la brutale agression du café, n'osa plus avouer ses rêves ambitieux et répondit qu'il ne faisait rien, ce dont le félicita son interlocuteur en prenant congé de lui.

Tel fut le premier aperçu sincère que le jeune étranger eut sur le journalisme parisien. Il avait assisté là à l'un des nombreux épisodes

de cette existence de fièvre, de lutte et de folie
qui était celle de la plupart des journalistes au
milieu desquels il aspirait à venir prendre sa
place.

———

C.

IX

Si, dans un involontaire mouvement de
respect humain, le jeune homme s'était refusé
à raconter ses projets à son voisin de café, il
ne s'en sentait pas moins dévoré intérieure-
ment du désir ardent d'approcher ce groupe
amusant, d'où l'esprit jaillissait sans cesse
comme les gerbes multicolores d'un incessant
feu d'artifice. Il voulait, lui aussi, essayer ses
forces dans ce journalisme, qui l'attirait violemment, en dépit de ses dangers et de ses
mœurs batailleuses, peut-être même à cause
de cela.

Pourquoi, en arrivant à modifier ses habitudes, à se pénétrer de l'esprit français, ne
parviendrait-il pas à avoir à Paris, en tout

petit, les succès qu'il avait eus à Bonn et à Dusseldorf?

Il continuait donc à fréquenter ce café de Mulhouse, où se tenait le cénacle du *Figaro*, se rapprochant chaque jour des rédacteurs, allant s'asseoir aux tables les plus voisines de la bruyante rédaction. Les journalistes finirent par le reconnaître, après avoir remarqué depuis longtemps sa mine lamentable et son air d'enterrement.

On s'habitua à lui et une sorte de familiarité s'établit entre le jeune homme et ceux qu'il admirait tant ; il s'ouvrit un peu à ses nouvelles connaissances, parlant de son envie d'écrire, de faire du journalisme. On le plaisanta : il laissa rire, patient, tenace, ne se rebutant pas, le cerveau grisé des plus belles illusions, sentant grandir et s'affermir en lui une volonté inébranlable.

Entre temps, il avait été présenté à de Villemessant, par son frère le négociant, qui était en relations d'affaires avec le rédacteur du *Figaro*. — Aussi celui-ci, riant de son émotion, l'interpellait parfois, le secouant de son ironie gouailleuse, se moquant de son aspect désolé et de sa physionomie attristée.

« Dites donc, hé ! là-bas, le frère à Wolff. Hé ! hé ! mais vous me faites l'effet d'un fameux gaillard, vous ! d'un rude boute-en-train, mon garçon ! »

Et son rire goguenard tonnait dans la petite cour, soulevant des échos à travers tout le café.

Une fois même, de Villemessant lui cria, au milieu d'une tempête de gaieté :

« Vous, je vous donne cinq louis si vous parvenez à me faire rire ! »

Attristé, ayant au cœur des inquiétudes sur son avenir qu'il avait envisagé plus brillant et plus rapidement heureux, Albert Wolff baissa la tête sous la phrase ironique, avec un regard de lente douleur à la redingote monumentale, qui achevait de lui donner cet aspect grave et morose, cette redingote, dont de Villemessant disait comiquement, qu'avec un pareil vêtement on n'avait qu'à y ajouter des sous-pieds pour avoir un costume complet. En même temps son teint blafard témoignait d'une mauvaise santé, au sujet de laquelle il se préoccupait plus que de raison, surtout quand on le plaisantait sur sa pâleur.

Chaque fois qu'il le revoyait, le directeur du

Figaro, avec sa figure épanouie et sanguine, son ensemble robuste, son regard prompt et inquiétant, son rire tonitruant, l'interpellait facétieusement.

« Hein ! Est-ce pour aujourd'hui ? »

Non, ce n'était pas encore pour ce jour-là, il le voyait bien à la physionomie navrée de sa victime, à la manière résignée dont Wolff allait s'asseoir auprès des journalistes, se contentant d'interroger à droite, à gauche, écoutant de toute son âme ces Parisiens amusants qui causaient de tout et de tous avec une désinvolture qu'il leur enviait.

« Allons ! allons ! se disait le rédacteur en chef, ce n'est pas encore celui-là que je pourrai enrôler parmi mes collaborateurs. »

L'autre, cependant, s'immisçait ainsi peu à peu à la vie parisienne, à force d'en entendre parler par ces gens d'esprit ; il apprenait à connaître le grand et le petit monde ; les cancans de coulisses, les racontars mondains, les récits scandaleux roulaient sans arrêter autour de lui, emplissant ses oreilles de leur tourbillonnement vertigineux et l'habituant à leur capiteuse atmosphère, dont il se grisait doucement.

Il aurait pu raconter à son tour, l'esprit fouetté par cette parole fiévreuse, le sang secoué par cet ardent contact de tous les jours, oubliant de plus en plus, dans ce milieu de fournaise surchauffée, les rêveries calmes et froides de sa brumeuse et sentimentale patrie. — Son tempérament lui semblait plus apte à ces bouillonnements de vie qu'aux lenteurs lourdes de ses compatriotes des bords du Rhin : il se trouvait dans le centre intellectuel et physique qu'il avait toujours rêvé, le seul que comprît son cerveau, incendié par les souvenirs français de sa première enfance.

A ce frottement quotidien, son intelligence développa doucement ses qualités cachées ; il s'assimila plus facilement que tout autre cette verve caustique, qui éclatait autour de lui, sans arrêter, à tout propos, sur n'importe quel sujet.

De telle sorte que de Villemessant fut très étonné de voir, une après-midi, le blafard et triste petit Allemand lui proposer la lecture d'un essai qu'il venait de faire, quelques nouvelles à la main.

« Vous, des nouvelles à la main ! Par exemple, je suis curieux de les entendre. Allez ! Allez ! Je vous écoute. »

Mais, dès la première nouvelle, subitement le journaliste dressa l'oreille, la figure remuée d'un sourire satisfait. — A la seconde, ses traits s'épanouirent largement, sa bouche s'ouvrit toute grande : « Bravo ! Bravo ! » — et à la troisième, il éclata, sans chercher à se retenir, emplissant la cour des éclats de son rire.

« Très bien ! Très bien ! »

Puis, fouillant précipitamment dans sa poche, et en tirant une poignée de monnaie, il aligna cinq pièces d'or sur la table, devant Wolff stupéfait :

« Je n'ai qu'une parole ! Vous m'avez fait rire ; voici vos cinq louis. »

A partir de ce moment, le jeune homme fut reçu avec une certaine considération par le clan du *Figaro ;* si les journalistes ne le traitaient pas encore tout à fait comme un des leurs, ils prévoyaient qu'avant peu il en serait ainsi. Leur chef avait, à cet égard, un flair remarquable ; tout ce qu'il disait était accueilli comme parole d'Évangile : du moment qu'il avait ri de la lecture des nouvelles à la main de cet inconnu, c'est que l'inconnu deviendrait quelqu'un.

Albert Wolff exultait, croyant tout gagné, parce qu'il était parvenu à amuser celui dont son imagination grossissait encore l'importance. Il avait fait rire le rédacteur en chef du *Figaro*, il se croyait en droit de tout espérer, il était déjà célèbre.

Certes il ignorait alors ce qu'il faut de labeur, d'énergie et de volonté continue pour creuser peu à peu son chemin, pour sortir lentement de l'obscurité générale et se faire d'abord connaître de quelques-uns. Il ne prévoyait pas qu'il lui faudrait entasser des montagnes de nouvelles à la main pour arriver à se créer une place convenable dans le journalisme; qu'il lui faudrait empiler des volumes d'articles pour habituer le public à son nom, et que ce nom, il ne parviendrait à l'imposer qu'après de longues, laborieuses et rudes années, au milieu de combats incessants, de luttes amères, et en se voyant exposé aux plus venimeuses morsures, aux plus fangeuses calomnies.

Non, cela, c'était l'avenir, le lointain avenir! Il était tout à ce présent illuminé du rire de de Villemessant, et il se croyait dès ce moment sorti des ténèbres où il étouffait,

pauvre, étranger, ridicule. Dans sa main sonnaient les pièces d'or gagnées avec sa plume,
avec son esprit, formant un accompagne-
ment mélodieux à ses rêves de triomphe et de
gloire.

X

Quelque temps après avoir été autorisé par
de Villemessant à lui apporter des nouvelles à
la main ou même un article, Albert Wolff fut
présenté, un soir, dans les coulisses des Folies-
Nouvelles, comme s'appelait alors le théâtre
Déjazet, à Louis Huart, qui lui promit une place
au *Charivari.* Wolff s'empressa de présenter au
journaliste son inséparable ami, Ernest Blum,
qui s'était déjà fait connaître par un vaudeville
au théâtre Beaumarchais et des revues aux
Délassements-Comiques.

En même temps qu'eux, le *Charivari* s'adjoi-
gnait Pierre Véron, Louis Leroy et Henri Rochefort.

Désormais, avec un poste fixe dans ce journal et la faculté de placer de temps en temps

quelque chose au *Figaro,* Wolff entrait sérieusement dans la voie qu'il avait toujours rêvée; le lendemain il publiait avec un empressement ravi sa bonne fortune dans les différents endroits où il avait coutume d'aller. Ce fut alors que Gustave Bourdin, le gendre de de Villemessant, lui dit ces mots dont il garda le souvenir, rendu très piquant par la modicité des sommes que l'on pouvait gagner au *Charivari* :

« Veinard, vous débutez là où d'autres seraient heureux de finir. »

C'était l'opinion du Café des Variétés, une opinion qui faisait loi dans le monde des boulevards.

Il était définitivement sacré journaliste; le pas le plus rude venait d'être franchi ; il ne lui restait plus qu'à se débrouiller et à marcher de l'avant.

Rapidement, avec une facilité, une aisance que nul n'aurait pu prévoir chez un étranger, surtout chez un Allemand, Albert Wolff se lança dans la vie batailleuse de la petite presse, luttant d'esprit, de verve gouailleuse, de parisianisme raffiné, avec ces écrivains si humoristiques, Véron, Huart, Leroy, Blum, Rochefort, des Français, des Parisiens d'origine, qui n'avaient pas eu comme lui besoin de transformer leur sang et leur cerveau pour parler et écrire ainsi.

Certes, ces premiers articles n'ont rien de marquant, c'est la menue monnaie de l'esprit courant les rues de Paris, le bagou sceptique et peu littéraire qui vole au ras de l'asphalte sur nos grands boulevards mondains, sans élévation ni portée réelle. Il n'en est pas moins vrai que personne ne se serait avisé de refuser la qualité de Parisien, dès cette époque, à celui qui, en 1859, signait *Charles Brassac* les cocasseries drôlatiques du Charivari.

Il y a là un mélange de nouvelles à la main, de causeries, de dialogues étonnants à propos de la guerre d'Italie, qui, sans prétention, ont une allure amusante et gaie absolument incompatible avec les lourds cerveaux germains. Tout cela n'était nullement déplacé en face des minuscules dessins de Cham ou des grandes pages fantaisistes de Daumier.

Entre ce genre caricatural, amalgamé de plaisanteries faciles, de coq-à-l'âne, de calembours, et le haut journalisme, il n'y a certainement pas de comparaison à établir; mais on ne contestera pas l'utilité pratique que pouvaient avoir de pareils exercices pour le jeune écrivain allemand. Avant tout il lui fallait rompre sa plume et sa tournure d'esprit à la légèreté facile et bonne vivante du pays où il cherchait à trouver sa place, de celui où il voulait faire sa carrière de journaliste, ayant derrière lui, pour le jeter dans cette patrie d'adoption, toute la formidable poussée de ses années d'enfance, tous ses rêves grandioses d'étudiant, et sous les yeux l'exemple encore tout palpitant de ce grand et original talent, Henri Heine.

Du reste, ce qui prouve bien que ces premiers essais n'étaient pas nuls, c'est que nous avons vu de Villemessant, ce fin dénicheur de merles blancs, vouloir tâter aussi de cet inconnu; ce malin accapareur, qui était sans cesse à l'affût des nouveaux écrivains et des plus alertes, avait fait signe au jeune débutant de lettres, le mettant à l'épreuve, avant de l'embrigader tout à fait dans son turbulent *Figaro*

Ce fut le jeudi 31 mai 1859 que le compatriote de Jacques Offenbach put lire pour la première fois sa signature dans la vivante petite feuille dont on disait tant de mal et qui faisait tant de bruit au boulevard. On avait inséré en troisième page sa *Grandeur et Décadence de M. Billion,* article d'humour qu'avec cette préoccupation machinale de tous ceux qui débutent dans un journal et croient ainsi s'assurer l'avenir, il avait orné d'un beau numéro I et placé sous la protection du titre plein de promesse : *Les Comédies du jour*. Le second article, numéro II, *Le Printemps*, eut les honneurs de la première colonne et de la première page. Puis, ce fut tout, ces articles n'ayant pas eu la portée que le rédacteur en chef avait un instant espérée.

Le chroniqueur, ayant fait long feu, fut relégué aux petits emplois ; de temps à autre il signa les nouvelles à la main, en compagnie d'un tas de noms connus, lui, se chargeant spécialement de raconter les bons mots d'Alexandre Dumas, de Barrière, d'Anicet Bourgeois ou de Laferrière.

Mais, dans le *Figaro* bi-hebdomadaire, il ne fut jamais qu'un collaborateur intermittent, dont le nom apparaissait çà et là, sans rien de régulier ni de fixe, car tout son travail et tout son temps étaient pris par le *Charivari*.

Peu à peu il se creusait sa place dans la presse, bien maigre, bien peu fructueuse et bien petite place par exemple, car l'article de cent lignes était payé dix francs, et au delà le journal

ne payait plus les lignes, de sorte qu'Albert
Wolff, comme ses camarades, devait donner
dans son mois quinze articles pour gagner cent
cinquante francs. Il est vrai qu'en fournissant
six légendes pour les lithographies de Daumier,
à cinq francs pièce, on pouvait ajouter trente
francs aux cent cinquante mensuels. Ce n'était
pas la richesse. Il s'en rendit bien compte le
jour où ayant touché son premier mois, un
mois de cent soixante-dix francs, il dépensa en
quelques instants ce qui lui semblait une fortune, et qu'il dut se remettre au travail pour
gagner de quoi vivre, après avoir fait la douloureuse expérience de ce que pouvait durer
une somme aussi minime.

Aussi le débutant avait-il des tressaillements
de disciple en présence d'un maître, quand par
hasard, au café, ou sur les boulevards, il lui
arrivait de croiser Aurélien Scholl. Celui-là,
ah ! dame, c'était un millionnaire, un Crésus,
que les jeunes journalistes se montraient avec
des extases, des frissonnements d'envie. Son-
gez-donc ! au *Figaro*, un seul article lui était
payé cent vingt-cinq francs, un article ! et
comme il en donnait un par semaine, cela lui
faisait des mois de cinq cents francs ! Hein !

voilà qui vous mettait l'eau à la bouche ! Parfois, en plus, pour être véridique, il convient d'ajouter que le susdit Crésus recevait quelque coup d'épée, mais cela ne faisait qu'agrandir son auréole.

Ce n'était pas tout ; pour arriver à avoir ses quinze articles, à les augmenter de légendes destinées aux dessins de Daumier et à s'assurer ainsi un mois convenable, il fallait rester en bons termes avec la grande influence du *Charivari,* celui qui faisait au journal la pluie et le beau temps, Cham, une sorte de *Deus ex machiná* sans lequel on ne pouvait rien faire, rien espérer.

Or, le grand caricaturiste étant le très obéissant serviteur de sa femme, c'était à elle que les jeunes journalistes devaient surtout chercher à plaire, et les services qu'il fallait lui rendre n'étaient pas toujours amusants.

Plus d'une fois, tout en remontant le faubourg Montmartre, derrière les jupes de la brave femme et succombant sous le poids des paquets encombrants ou ridicules dont elle le chargeait sans pitié pour son amour-propre ou sa fatigue, Albert Wolff avait fait d'amères réflexions.

Le visage plus livide, l'œil plus mélancolique que lorsqu'il contemplait au café de Mulhouse la rédaction du *Figaro*, sans espoir d'en faire jamais partie, il allait de boutique en boutique, ravalé au rôle mercenaire de cuisinière. Il lui fallait, essayant d'imiter le pas trottinant de son guide en jupons, se traîner au marché, essuyer les lazzis des marchandes de la Halle, passer de la fruitière au boucher, du tas de choux au morceau de viande sanguinolent, lui, dans le cerveau duquel s'agitaient les projets d'avenir et de gloire, et se rabaisser à ce rôle complaisant de domestique forcé.

Tous ces froissements d'amour-propre, toutes ces blessures d'orgueil pour cent cinquante ou cent quatre-vingts francs par mois pour avoir le droit de faire ses quinze articles, ses quinze cents lignes au minimum. Certes, il pouvait envier les cinq cents francs d'Aurélien Scholl et préférer les coups d'épée de quelque mondain trop vivement étrillé, de quelque confrère trop vertement critiqué, aux coups d'épingles multiples qui empoisonnaient certaines de ses matinées.

Pour se consoler, il en était réduit à se répéter que Jules Noriac, une de ses admirations, avait touché au *Figaro* cent francs pour ce chef-d'œuvre *Le 101ᵉ*, donné en août 1857, et que peut-être son jour viendrait aussi, à force de patience, d'énergie et de persévérante volonté.

C'est dans de pareils moments que son sang d'Allemand lui était précieux pour calmer les effervescences déjà gagnées au milieu de la contagieuse vie de Paris.

XI

Comme son engagement au *Charivari* et les appointements irréguliers qu'il touchait dans le journalisme ne pouvaient suffire à le faire vivre, il avait trouvé un emploi spécial chez M. Hart, un des principaux agents de change de Paris.

On lui donnait cent francs par mois pour venir tous les matins traduire en français les lettres allemandes reçues par la maison ; puis il revenait le soir, après la Bourse, soit pour expliquer aux clients les cas difficiles, soit pour mettre en allemand les réponses à faire à certaines lettres.

Il trouva là un accueil charmant et une bienveillance, dont il a toujours conservé le souvenir le plus attendri. L'agent de change, désireux de lui épargner tous les ennuis de ses fonctions particulières et de se l'attacher par une affection presque paternelle, le faisait travailler dans son cabinet.

De temps à autre, pour l'immiscer le plus possible aux routines de la Bourse et aux hiéroglyphes de la cote, l'agent envoyait son jeune commis chez quelque client bien posé, avec mission de lui porter les derniers cours des principales valeurs et de tâcher d'obtenir quelques ordres d'achat ou de vente, sur lesquels il eût touché sa part de commission.

Parmi les clients de la charge se trouvait un riche financier étranger, qui, à son passage à Paris, descendait toujours à l'Hôtel de Castille. Albert Wolff fut spécialement désigné pour lui transmettre chaque jour les cours en allemand. Le soir, par reconnaissance, l'étranger promenait son jeune interprète avec lui, au théâtre, au café, au restaurant.

Le dernier soir, vers une heure du matin, ils se trouvaient tous deux devant le café Riche. Albert Wolff, lugubre, pensait avec désespoir, que son logeur, à qui il devait déjà un fort arriéré, allait lui refuser la clé de son logement;

parfois il regardait de côté son riche compagnon, se disant que certainement cet homme-là pourrait lui rendre un fameux service et le tirer d'embarras, mais il n'osait avouer sa navrante situation.

Tout à coup, le financier, qui semblait avoir remarqué la physionomie désolée du jeune homme, lui dit à brûle-pourpoint :

« Voyons, voyons, mon ami ! Voilà trois jours que vous me promenez à travers Paris, me donnant tout votre temps, négligeant vos occupations, cela mérite un dédommagement !»

« Bon ! je suis sûr que cet homme-là est capable de me prêter dix louis ! je suis sauvé ! » pensa immédiatement le jeune homme, dont les traits s'illuminèrent.

L'autre, bonasse et amical, continua :

J'ai été jeune, je sais ce que c'est ! Hein ! avouez-le, vous avez des ennuis, peut-être pas d'argent ?

Son interlocuteur baissait un peu la tête. Autour d'eux les derniers passants se hâtaient, regagnant leur logis ; le café se désemplissait insensiblement ; le boulevard n'allait plus appartenir qu'aux noctambules. Paisiblement le richard tirait son portefeuille, enfonçant ses doigts dans les poches bourrées de paperasses.

Wolff le regardait, sans comprendre encore. Il n'était pas remis de son anxiété, quand, de son air calme, l'autre lui tendit trois billets de mille francs :

« Hé ! Cela vous suffira-t-il ? Vous me le rendrez plus tard. »

Trois mille francs ! Un véritable coup de théâtre ! Une scène de féerie ! Le jeune homme n'en pouvait croire ses yeux, n'osant accepter, ne sachant comment remercier. Il n'avait jamais eu tant d'argent à la fois et crut que le monde lui appartenait.

Le lendemain, sa première course fut pour se rendre chez un des tailleurs en renom du boulevard. Enfin il allait donc pouvoir réaliser un de ses vœux les plus secrètement et les plus longuement caressés depuis son arrivée à Paris.

Il y avait deux ans que ce désir grandissait, toujours plus dévorant, se débarrasser de son antique redingote allemande, quitter ce vêtement d'ancêtre qui le faisait reconnaître à cent pas pour un étranger. Il pourrait s'habiller à la française, ressembler à tous ces jeunes gens qu'il voyait aller et venir coquets, bien

mis, élégants! C'était la morsure d'amour-
propre, la blessure aiguë si bien dépeinte par
Balzac dans son *Grand Homme de province à
Paris*.

Chez le tailleur, au milieu des piles de cou-
pons de draps, il fit longuement son choix, sans
voir que chacune de ses paroles soulévait parmi
les commis des tempêtes de rires à demi étouf-
fés, tandis qu'il désignait au patron les étoffes
choisies par lui et qu'il en indiquait l'emploi.

Celui-ci, tout en se mordant les lèvres pour
ne pas éclater, s'efforçait de donner à ses traits
l'expression la plus sérieuse, tout en se demandant s'il avait affaire à un farceur ou à un
original. Il se contentait, à chaque nouvelle
nuance remarquée par son étrange client, de
lui faire bien affirmer son désir, en répétant :

Alors, c'est entendu, c'est bien cela que vous
voulez, cela et pas autre chose.

Albert Wolff, imperturbable, allait tout droit
à ce qu'il jugeait devoir être le dernier goût du
jour, l'expression la plus complète de la mode,
se disant qu'il n'avait jamais rien vu de pareil
et que par conséquent son habillement pro-
duirait un effet énorme.

Il s'arrêta au costume suivant : une redingote-

paletot couleur olive, pouvant servir à la fois
de redingote et de pardessus, car il pensait que
pareille aubaine ne se représenterait pas de
longtemps et qu'il fallait en tirer le plus de
profit possible ; pour ce premier vêtement, une
doublure de flanelle bleue et noire bien voyante ;
un gilet vert perroquet, à immenses carreaux
noirs ; enfin un pantalon d'une belle teinte
brique, à énormes carreaux noirs également.

« Cette fois, pensait-il, je crois que je vais
être mis à la dernière mode et que ma toilette
fera sensation. »

Le costume terminé et livré, il le revêtit avec
empressement, rejetant bien loin la défroque
rapportée d'Allemagne, et alla se montrer sur
les boulevards, ayant bien soin de ne pas bou-
tonner sa redingote pour laisser admirer, dans
toute leur splendeur, la doublure bleue et le
gilet vert.

Son succès fut complet ; toutes les têtes se
retournaient sur son passage, tous les passants
le contemplaient de la tête aux pieds. Il allait,
cambrant les reins, élargissant les épaules,
persuadé que les Parisiens n'avaient jamais vu
de jeune homme plus adorablement mis, et
s'envoyait, dans toutes les glaces placées sur

sa route, des sourires satisfaits et vainqueurs.

Mais il lui restait un dernier effet à produire, et, d'avance, il préparait son entrée triomphante au café Turc, boulevard du Temple. Hein ! quel étonnement quand on verrait ce vêtement tout flambant neuf au lieu de celui sous lequel il souffrait mélancoliquement depuis deux ans !

Du plus loin qu'il l'aperçut, Théodore Barrière, qui se trouvait là, se renversa sur la banquette où il était assis, tordu par un fou rire impossible à maîtriser. Wolff, ébahi de cet accueil inattendu, le regarda sans comprendre, remarquant seulement que cette gaîté se communiquait de table en table, à mesure qu'il entrait dans le café.

« Ah ça, mon cher Wolff, lui cria Barrière, quand il put reprendre haleine, qui vous a fagoté de la sorte ? »

Le journaliste commença à douter du chic de son costume et crut devoir se retrancher derrière le nom fameux du grand tailleur.

« Mais, mon cher, vous avez l'air d'un singe, vous savez, ces singes qui jouent les Milords au Cirque ! »

Désirant se venger de ces lugubres redingotes noires, il avait choisi dans le magasin tous les rossignols dont personne ne voulait, et il relevait la tête, heureux, se disant :

« Cette fois, ça y est ! J'ai bien le chic parisien ! »

L'apostrophe de Barrière lui enleva cette illusion ; malheureusement, bien que l'auteur dramatique lui eût conseillé de dépouiller ce vêtement et de reprendre sa redingote noire, il fut forcé d'endosser tant qu'il dura, et il dura longtemps, cet étonnant costume de singe.

D'ailleurs, rendons au chroniqueur cette justice, et tous ceux qui le connaissent partageront notre avis : depuis vingt-six ans qu'il habite au milieu de nous, il n'a jamais pu attraper ce chic parisien, auquel il aspirait tant à cette époque. Nul ne s'habille avec un goût plus déplorable ni une insouciance plus complète de la mode. S'il a su transformer son cerveau au point d'en faire l'expression la plus entière de l'esprit parisien, il n'a jamais su transformer sa manière de choisir et de porter le vêtement.

C'est à ce moment que, se croyant riche, et déjà secrètement empoigné par la passion des tableaux et des œuvres d'art, il résolut de commencer sa collection par certaine aquarelle de

Bonnington faisant partie de la vente Demidoff, qui allait avoir lieu dans cette salle d'exposition du boulevard des Italiens, devenue depuis le Théâtre des Nouveautés.

Sur ses trois mille francs, il en avait mis dix-huit cent de côté pour s'offrir l'objet désiré, et déjà il se disait avec une assurance naïve :

« Il n'y a que moi qui l'aurai. »

Le jour de la vente, il était là, au premier rang, faisant les yeux doux à son aquarelle, et serrant d'une main fiévreuse, tout au fond de sa poche, les billets de Banque qui devaient la lui assurer.

Enfin Mᵉ Pillet, le commissaire-priseur, annonça :

« *Une vue de Rouen*, le soir, aquarelle par Bonnington ! »

C'était grand comme la main.

Wolff frémissait d'impatience. Après quelques instants de silence, le commissaire continua :

« Il y a marchand à vingt-quatre mille francs ! »

Le journaliste resta atterré. Vingt-quatre mille francs ! L'aquarelle fut adjugée trente-deux mille francs au marquis d'Hertfort. C'est alors que le jeune homme, qui se croyait si riche, comprit que deux mille francs ne sont pas grand' chose et qu'il faudrait gagner encore beaucoup d'argent avant de réaliser ses ambitions de collectionneur et d'acheteur de tableaux.

La séparation d'Albert Wolff et de l'agent de change, amenée tout naturellement par les habitudes d'indépendance de son caractère, se fit dans des conditions particulièrement aimables.

Il y avait déjà assez longtemps qu'il remplissait ses fonctions dans les bureaux, quand il fut pris de la folle envie de faire comme ses confrères du journalisme et d'aller à Bade. Il demanda un congé de quinze jours à M. Hart, qui s'empressa de le lui accorder, avec son aménité habituelle.

Ravi, le jeune homme partit pour Bade, la bourse suffisamment garnie pour prendre sa petite part des plaisirs de l'endroit.

Une fois là, grisé à la fois par les mille séductions du pays, heureux de se trouver sans cesse au milieu de journalistes, d'écrivains et de se voir considéré par eux comme un confrère, avec la première ivresse du nom qui n'était plus tout à fait inconnu, il oublia complètement Paris et la courte durée de son congé.

Déjà des idées ambitieuses travaillaient son cerveau, et il intrigua tant et si bien auprès de Paul d'Ivoi, le grand chroniqueur du *Figaro*, que celui-ci consentit à le citer dans son article. Quelle joie, le jour où le débutant put lire cette phrase imprimée :

« *Parmi les visiteurs qui affluent en ce moment*
» *à Bade, nous remarquons : MM. Bressant,*
» Albert Wolff, *etc., etc. .* »

C'était la gloire !

Mais ce fut là, en 1859, qu'il connut pour la première fois les dangereuses émotions du jeu, des émotions terribles. Enivré par un premier gain, après avoir risqué un florin, il continua de jouer, saisi dans l'engrenage et finit par se trouver en présence d'une dette de six mille francs ! C'était affreux, car il n'avait rien pour payer.

De là date cette passion dont il ne saurait plus guérir ; car à son retour à Paris, il dut, pour payer sa dette, continuer à jouer, s'habituer à la vie des cercles et devenir un des joueurs les plus connus de ce monde spécial.

Après six semaines de séjour à Bade, il revint donc à Paris, entièrement décavé.

A son arrivée, M. Hart, sans lui reprocher sévèrement, comme il aurait pu le faire, d'avoir ainsi prolongé sans permission le congé qui lui avait été accordé, lui dit, en employant les formes les plus cordiales, que dans les affaires cela ne pouvait pas se passer ainsi.

« Je dois m'en aller! balbutia Wolff, à la fois ému de la manière dont son escapade était accueillie et inquiet de sa position.

— Nous nous séparerons en effet, reprit l'agent de change, mais plus tard. Restez chez moi jusqu'à la fin de l'année ; au moins vous pourrez toucher la gratification que je donne à ce moment à mes employés : vous ne partirez qu'après. »

Tout se passa, ainsi qu'il avait été convenu, et, à la fin de décembre, M. Hart fit donner à Albert Wolff une gratification trois fois plus forte que celle qui devait lui revenir.

Depuis, le journaliste et l'agent de change sont toujours restés dans les meilleurs termes, et, bien qu'il y ait vingt-quatre ans de cela, le chroniqueur, arrivé aujourd'hui, n'oublie jamais de rappeler, avec un vif sentiment de reconnaissance, que M. Hart est un de ceux qui, grâce à leur bienveillance, lui ont le plus facilité les débuts de la vie à Paris.

N'ayant plus sa place chez l'agent de change, Albert Wolff se donna tout entier aux journaux, d'autant plus qu'à la suite d'une nouvelle scène plus violente que toutes les précédentes, il s'était séparé de Théodore Barrière, qui l'avait si longtemps leurré de l'espoir de faire une pièce avec lui, sans jamais s'exécuter.

Plus que jamais il eut à lutter, à souffrir, et rentra souvent désespéré dans la chambre meublée où il vivait si durement au jour le jour.

A cette époque il avait retrouvé Jacques Offenbach au *Figaro*, et celui-ci, alors directeur des Bouffes, lui avait fait un accueil charmant, l'accueil du grand frère arrivé à un jeune frère. Il donna au journaliste ses entrées aux Bouffes.

Très pauvre, très malheureux, Wolff allait à travers les couloirs brillamment éclairés, écoutait cette musique sautillante, ces rires, ces enthousiasmes, toutes ces mains battantes, ces salves de bravos. Il se sentait relevé par les applaudissements donnés à Offenbach, par le grand succès du musicien, se rappelant la petite maison du père Offenbach à Cologne ; et, mesurant la distance parcourue par le fils, il se disait qu'avec un peu de talent, beaucoup d'énergie et énormément de travail, il arriverait lui aussi.

Il sortait de là réconforté, ayant foi en l'avenir et se reprenant à espérer de plus belle.

Certes, il avait déjà bien souffert à Paris, et il devait souffrir plus encore ; mais il aimait déjà passionnément cette ville, au point qu'il lui semblait aussi impossible d'être né ailleurs, qu'il lui semblait impossible que Jacques Offenbach, l'incarnation de l'esprit français dans la musique, fût le même qu'il avait vu assis à côté de son père dans la petite maison de la rue de la Cloche, à Cologne.

Il ne se doutait pas alors qu'on dirait aussi de lui qu'il est l'incarnation de l'esprit parisien dans le journalisme.

XII

Le 6 janvier 1860, il quitte le pseudonyme de
Charles Brassac, sous lequel il avait jusqu'alors
écrit dans le *Charivari*, pour prendre désormais son vrai nom, et commence la longue
série des : *A travers Paris*, que nous retrouve-
rons fidèlement poursuivie dans le *Charivari*,
le *Nain Jaune*, puis le *Figaro*, durant cinq ou
six ans.

Mais, avec l'incessante guerre d'épigrammes
faite à tout le monde par les petits journaux,
il était presque impossible de faire du journalisme sans finir, un jour ou l'autre, par être
forcé d'en arriver à un duel.

Autour de Wolff, tout le monde s'était battu
ou se battait, depuis les plus connus jusqu'aux

plus humbles, depuis les plus paisibles jusqu'aux plus agressifs. Il n'y avait pas de mois, pas de semaine, sans quelque rencontre. Tour à tour on avait eu les duels de de Villemessant, Edmond About, Francisque Sarcey, Henri de Pène, Aurélien Scholl, Charles Bataille, Charles Monselet, Gustave Naquet, etc., etc. Le jeune journaliste considérait cette coutume comme un préjugé barbare et inutile, mais il devait y sacrifier à l'exemple de ses confrères, et même deux fois, à de fort courts intervalles en cette même année 1860.

Une discussion de café avec l'acteur Febvre, alors au Vaudeville, amena un échange de cartes, malgré la modération et l'esprit conciliant dont le journaliste avait fait preuve. Une fois l'affaire décidée, il déclara alors qu'il irait jusqu'au bout et que rien ne l'arrêterait plus. Les témoins de Wolff étaient Gustave Naquet et Henri Rochefort; ceux de Febvre, Adolphe Belot et Raimond Deslandes.

Le matin du duel, au petit jour, Rochefort vint éveiller le rédacteur du *Charivari* en lui disant :

« Tout est terminé; vous vous battez.

— Je l'entends bien ainsi, » fit Wolff en se

levant et en passant rapidement ses vêtements.

« Le duel aura lieu au pistolet, dans le bois de Bondy.

— Parfait. Vous êtes-vous occupé de la voiture?

— Pas encore. A propos, avez-vous de l'argent? Je n'ai pas un sou, » ajouta Rochefort.

« Diable! diable! Moi non plus; j'ai tout perdu au Cercle hier soir. »

La caisse du *Charivari* n'étant pas ouverte à cette heure matinale, Albert Wolff fut obligé d'aller emprunter trente francs au patron du café Véron. Lorsque celui-ci le revit le soir, il lui dit que s'il avait pu prévoir l'usage auquel était destinée cette somme, il ne l'eût certes pas avancée, étant sûr de ne pas la revoir si le journaliste avait été tué.

Enfin Rochefort ramena triomphalement une splendide voiture, toute doublée de blanc avec des glaces à biscau : c'était une voiture de noce. Là-dedans, entre Rochefort et Gustave Naquet, Wolff avait l'air d'un jeune marié se rendant à la mairie.

Le duel devait avoir lieu dans des conditions particulièrement sévères; les deux adversaires, placés à vingt pas, marcheraient l'un sur l'autre et tireraient ensuite à volonté jusqu'à ce que l'un des deux tombât. Rochefort opinait pour l'échange de dix-sept balles.

« Mon intention bien arrêtée, répondit Wolff à ses témoins, est que ce duel soit absolument sérieux et qu'on ne puisse pas en rire. Vous avez vu que j'ai fait tout pour l'éviter; maintenant, je n'accepterai plus aucune conciliation, car je veux couper court à toutes nouvelles provocations. Mon adversaire a voulu se battre, c'est bien ; il faut que ce duel me serve à quelque chose et qu'on en parle.

— C'est entendu.

— Vous allez donc assister à un curieux spectacle. Dès que le signal aura été donné, je tiendrai mon pistolet devant moi de toute la longueur de mon bras tendu, et je marcherai ainsi sur mon adversaire jusqu'à ce qu'il tire ; une fois son feu essuyé, je m'arrêterai et l'ajustant, comme si j'étais au tir, je le tuerai.

— Vous ne ferez pas cela ! » s'écrièrent ses compagnons.

« Je le ferai comme je vous le dis. »

On arriva. Les quatre témoins s'occupèrent de choisir un emplacement commode et de mesurer les distances, tandis que le chirurgien défaisait sa trousse et étalait ses outils pour être prêt en cas de malheur.

Les deux adversaires ayant été placés à vingt pas l'un de l'autre, l'un des témoins cria :

« Allez, messieurs, faites votre devoir. »

Ainsi qu'il l'avait dit, Albert Wolff, très pâle, les sourcils froncés, concentré dans une volonté de fer, marcha, le bras tendu, sur son adversaire.

Le résultat de cette attitude énergique et menaçante ne se fit pas attendre; Febvre, le voyant s'avancer ainsi, tira précipitamment et le manqua. Alors, s'arrêtant, le journaliste amena doucement son pistolet à la hauteur de l'œil et se mit à viser si froidement et si longuement que les témoins, énervés, crièrent :

« Tirez! Mais tirez donc! »

Wolff, abaissant son arme, dit :

« Messieurs, le tir est à volonté, je tirerai quand je le jugerai utile. »

Et il remit en joue sans se presser, visant de son mieux, avec l'idée arrêtée de le tuer. Au bout de dix secondes seulement le coup partit: la balle rasa le col de l'habit de l'acteur, dont la tenue fut très ferme et très courageuse pendant cette terrible épreuve.

Immédiatement les témoins se jetèrent entre les deux adversaires, s'opposant à tout nouvel échange de balles; ils avaient fait bravement leur devoir et l'affaire devait en rester là.

Le soir, de Villemessant dit à son jeune collaborateur :

« Il paraît que vous avez été un héros ce matin?

— Non, j'ai seulement voulu montrer que le jour où on me conduisait sur le terrain, ce n'était pas pour plaisanter. »

Dans la même soirée, Febvre devait jouer dans la première de *Sheridan;* on peut penser quelle émotion régna au Vaudeville jusqu'à ce qu'on connût le résultat de ce duel, dont tout le boulevard parlait.

Le second duel de Wolff eut lieu fort peu de temps après celui-ci, avec le poète Albert Glatigny.

Le journaliste exigea de ses témoins les mêmes conditions que dans son affaire avec Febvre. La rencontre devant avoir lieu en Belgique, il était allé coucher à Lille avec ses deux témoins, Léon Sari et Ponson du Terrail.

Le matin, par une neige épaisse, en plein mois de décembre, Wolff voit descendre à la station de Mouscron, à la frontière, Ponson du Terrail traînant un énorme ballot de couvertures.

« Que diable voulez-vous faire de tout cela, mon cher ami ! s'écria le journaliste.

— C'est pour étendre le blessé ! » repartit d'un air lugubre le romancier, dont la cervelle était toujours travaillée par le roman.

Wolff et Glatigny, ayant été placés à vingt pas, avec tir à volonté et faculté de marcher l'un sur l'autre, le journaliste fut amené à procéder autrement que la première fois, en remarquant que son adversaire étant myope, le résultat pouvait être tout autre. Aussi s'empressa-t-il de tirer le premier, avec l'espoir de l'arrêter dans sa marche.

En effet, Glatigny tira aussitôt, mais son arme rata, et Albert Wolff dut attendre, immobile, tandis que le poète cherchait la capsule tombée dans la neige, et essuyer à son tour son feu. Aussitôt Albert Wolff, mettant habit bas, demanda que l'on continuât à l'épée, ce qui avait été convenu en cas de non résultat ; Albert Glatigny se déclara prêt à donner également cette satisfaction à son adversaire, mais

en même temps, avec beaucoup de dignité, il
ajouta qu'il regrettait ce qui s'était passé, et
d'un commun accord il fut résolu que l'affaire
en resterait là.

Il est à remarquer que, contrairement à ce
qui se passe dans la plupart des affaires d'honneur, Albert Wolff refusa toujours de se ré-
concilier avec ses adversaires, ne pouvant
leur pardonner de l'avoir contraint à se battre,
alors qu'il n'a jamais caché sa réprobation
pour cette coutume sauvage et contraire à
toute idée de civilisation. C'est le même sentiment qui le rendait aussi implacable, une fois
sur le terrain, et lui faisait refuser les concilia-
tions suprêmes.

Ainsi Albert Glatigny mourut sans qu'il ait
voulu le revoir. Pour Febvre cependant, il a
fait une exception; encore cette exception fut-
elle amenée par les graves événements sur-
venus depuis.

Douze ans après, en 1872, Albert Wolff se
trouva sur le trottoir de la rue de Richelieu,
nez à nez avec l'acteur, auquel il n'avait pas
adressé la parole depuis leur duel; il le regarda :

« Il me semble, lui dit-il, qu'il y a eu des

affaires plus terribles que la nôtre, depuis que nous nous sommes vus ? »

Ils se tendirent la main, tout devant s'effacer devant les calamités sanglantes qui venaient de s'abattre sur la France.

Depuis, le chroniqueur a toujours conservé la même aversion pour le duel et les mêmes idées sur la manière dont il doit avoir lieu, quand on y est contraint.

XIII

Dans le *Charivari* il entasse articles sur articles, montrant parfois certaines qualités d'humeur et de gaieté, dont on retrouvera souvent
des traces dans la plupart de ses chroniques,
même les plus sérieuses. Il commence à y
avoir du gamin de Paris dans le petit journaliste venu de Cologne. Le côté plaisant d'un
individu, d'une question ou d'une chose semble
lui arriver avant toute autre impression, soit
qu'il parle de *Rigolboche*, la célébrité dansante
des Délassements-Comiques, soit qu'il donne
ses *Aventures du docteur Véron sur terre, sur
mer, à pied, à cheval et surtout en chemin de
fer*, dix-sept feuilletons publiés en même
temps que *Les petits mystères de l'Hôtel des*

Ventes, de Rochefort. Cependant sa polémique avec Francisque Sarcey, au sujet de Murger, prouve qu'il sait, à l'occasion, reprendre sa gravité.

A cette époque, nous ne voyons rien de Wolff dans le *Figaro*, mais le 24 mars 1861 il y écrit son premier *Courrier de Paris*, une étude critique très poussée sur Richard Wagner et le *Tannhauser*. Il y a là une nouvelle face du jeune écrivain et peut-être un indice du genre qu'il abordera souvent plus tard.

C'est le moment où a lieu la querelle d'Ed. About et de Champfleury, celui où paraît la *Salammbô* de Gustave Flaubert, une période très mouvante, où des noms se mettent les uns après les autres en lumière, passant à travers le *Figaro*, comme devant la lentille d'une lanterne magique, Jules Vallès avec ses *Réfractaires*, d'Hervilly, Hector Pessard, Siebecker, Louis Ulbach, Francis Magnard, Chavette, Jules Claretie, pour ne citer que ceux-là.

Il se trouve côte à côte avec Aurélien Scholl, celui dont il enviait tant le brillant esprit. Insensiblement le terrain s'est raffermi sous ses pieds et il a marché de l'avant, crânement, supprimant les unes après les autres ses hésitations premières.

Le *Figaro* surtout a achevé de l'aguerrir avec son allure batailleuse, sa vie débordante et la montée constante de talents nouveaux qui s'y révèlent chaque année. — Après Vallès, après les *Lettres* de Colombine et celles de Junius, voici maintenant une amusante fantaisie d'un tout jeune : *Chapatin le tueur de lions*, par Alphonse Daudet, l'idée première de l'inoubliable *Tartarin de Tarascon*.

Lorsque Aurélien Scholl fonde *le Nain Jaune*, il appelle auprès de lui Albert Wolff, auquel il confie les *Échos de Paris*. Le jeune journaliste est en brillante compagnie, avec Méry, About, Sarcey, de Pontmartin, Albéric Second, etc., etc. ; Paul de Cassagnac y publie ses virulents *Moustiques* ; la critique littéraire est signée Jules Barbey d'Aurevilly et Leconte de Lisle parle des poètes contemporains. Un article humoristique sur les cafés-concerts provoque les fureur des chanteurs et des chanteuses contre Albert Wolff, auquel on fait un procès, dans lequel il sera défendu par un jeune avocat inconnu qui, dès lors, restera un de ses meilleurs amis, Me Léon Gambetta.

Puis Aurélien Scholl céda la rédaction en chef à Théophile Silvestre ; Albert Wolff le suivit dans sa retraite et reprit ses nouvelles à la main dans le *Figaro*.

Le journal de M. de Villemessant continuait sa marche progressive et se tenait toujours aux avant-postes ; on y lisait des variétés nerveuses d'Émile Zola, à côté des essais de Léon Cladel, des articles d'Henri Rochefort, du *marquis de Villemer*, de Jules Richard et deux nouvelles d'Alphonse Daudet qui sont l'œuf du *Petit Chose*.

En même temps, succédant à Albéric Second, Wolff faisait dans *L'Univers illustré* une chronique par semaine sous le nom de *Gérôme*.

Ce n'était du reste pas la chronique, comme nous la connaissons aujourd'hui, mais plutôt des historiettes amusantes et des racontars réunis ensemble. Seulement le journaliste, après cet essai salutaire, pouvait dans le journal *L'Événement* que de Villemessant faisait paraître, commencer à débuter plus sérieusement, en consacrant sa première *Gazette de Paris* à Rothschild, cette grande manifestation moderne de la Richesse.

L'Événement devenu le puissant *Figaro* quotidien d'aujourd'hui, fut fondé avec vingt mille francs que M. Auguste Dumont mit dans l'affaire.

De Villemessant était loin d'être riche à ce moment. Il conduisit Albert Wolff chez Dumont et lui dit :

« Je vous présente un de nos courriéristes de l'*Événement* ; nous avons une petite bouillotte, ce soir, donnez-lui donc cinq cents francs d'avance. »

M. Dumont s'exécutait, quand M. de Villemessant ajouta :

« Et moi aussi donnez-moi donc cinq cents francs d'avance. »

Puis, se tournant vers Albert Wolff, de Villemessant, qui était aussi joueur que son rédacteur, lui dit :

« Nous mettrons les mille francs ensemble et nous leur flanquerons une raclée à la bouillotte. »

Le succès de l'*Événement* fut immédiatement tel que, en dehors de ces mille francs ainsi avancés, M. Dumont n'eut jamais à sortir d'autre argent de sa caisse, sur les vingt mille francs engagés, et ils lui ont rapporté un peu plus d'un million.

Albert Wolff continua ses Gazettes en mettant en relief certaines figures dont la physionomie expressive l'attirait, ainsi de Flotow, Théodore Barrière. Cette fois c'était un grand journal quotidien et non plus ces feuilles hebdomadaires ou bi-hebdomadaires, où il avait jusqu'alors écrit et bataillé. Le champ où il devait manœuvrer s'étendant, comme pour fournir plus de place au lutteur et lui permettre d'étendre ses visées, il tentait de se hausser jusqu'à ce plus vaste cercle d'observations et d'élargir ses études. Il se trompera souvent et longtemps avant de toucher le but.

Ensuite, de concert avec son ami Ernest Blum et Peragallo, il eut l'idée de profiter de la vogue croissante de la chanteuse populaire Thérésa, qui était en train de devenir une véritable artiste, pour inventer ces fameux *Mémoires de Thérésa, écrits par elle-même,* qui devaient avoir un succès de vente énorme.

Ils publièrent le volume, à leurs frais, chez Dentu, en le faisant précéder d'un autographe de la célèbre chanteuse, dédiant son œuvre au public. Le succès de l'ouvrage fut tel qu'on n'avait pas le temps d'imprimer les nouvelles éditions et que les exemplaires s'enlevaient encore tout humides chez l'éditeur, absolument comme les brioches fumantes chez le pâtissier.

Ce volume rapporta soixante mille francs, soit une somme de vingt mille francs à chacun des auteurs. Ce gros succès d'argent acheva de tirer Albert Wolff de la misère et des débuts pénibles. Dorénavant il pouvait marcher plus hardiment dans la vie, se sentant soutenu par ce petit capital, et en ayant terminé avec l'existence au jour le jour menée jusque-là.

En effet son existence de bohême et de joueur qui formait la curieuse contre-partie de sa vie laborieuse de journaliste, gaspillant d'un côté ce qu'il gagnait péniblement d'un autre, l'avait exposé à bien des aventures.

Il y eut un moment où on put dire de lui qu'il connaissait tous les huissiers de Paris, tellement il était criblé de dettes, et il lui fallut un labeur terriblement tenace pour arriver à faire honorablement face aux exigences légitimes de la meute de créanciers grossissant autour de lui.

Nous laisserons de côté certaine histoire drôlatique d'huissier décavé au cercle par le journaliste, contre lequel il était chargé d'instrumenter, pour rappeler cette promenade du vendredi saint qui fit la joie des boulevardiers et des ennemis de la prison pour dettes.

Un vendredi saint, après le lever du soleil, on frappa à la porte de la chambre que Wolff habitait au cinquième sur la cour, dans une maison meublée de la rue Mazagran.

« Entrez, » s'écria le journaliste réveillé en sursaut et se disposant à fort mal accueillir ce visiteur matinal.

Celui-ci, après s'être. préalablement assuré de l'identité du locataire de la chambre et avoir constaté qu'il se trouvait bien réellement en présence de M. Albert Wolff, journaliste, déclina à son tour sa profession de commissaire de police.

Il venait prier l'écrivain de vouloir bien le suivre, à propos d'une dette impayée; en bas, deux gardes du commerce et un fiacre attendaient le débiteur pour le conduire à la prison de Clichy.

Voyant qu'il avait affaire à un homme aimable, Albert Wolff lui annonça qu'il possédait la somme qu'on lui réclamait et qu'il avait l'intention de payer; mais, pour la curiosité du fait et dans un simple but d'étude de mœurs, il désirait se laisser arrêter. En attendant, il invita le commissaire de police à partager son déjeuner, en prenant avec lui une tasse de chocolat.

Ensuite il descendit et se livra aux deux recors, qui lui demandèrent où il désirait se faire conduire, et s'il connaissait quelqu'un qui pût lui venir en aide dans cette pénible circonstance pour lui épargner la complète exécution de la contrainte par corps.

Wolff répondit qu'il voulait se faire conduire à la promenade de Longchamps, alors dans tout son éclat et dans toute sa vogue à l'occasion de la semaine sainte.

Les gardes commencèrent par protester contre cette prétention ; mais le journaliste ayant assuré qu'il devait trouver là, et là seulement, des amis auxquels il pût emprunter la somme pour laquelle on voulait l'arrêter, ceux-ci furent obligés de céder à cette fantaisie.

Au bout d'un certain temps, ils essayèrent cependant de résister prétendant qu'ils mouraient de faim et que cette promenade ne pouvait se prolonger éternellement.

« Je ne vous empêche pas de vous acheter du pain et du fromage, leur dit railleusement le journaliste, mais vous ne pouvez pas m'appréhender au corps avant que je n'aie usé de tous les moyens pour me libérer : en agissant autrement vous violeriez la loi.

Il continua donc à les promener ainsi pendant toute la journée, s'amusant de leur mine furieuse et dépitée.

Mais le soleil étant sur le point de disparaitre, le fiacre se dirigea enfin vers la prison pour dettes, à la grande satisfaction des deux recors qui allaient se venger du débiteur en le faisant enfermer.

Devant la porte, la voiture s'arrêta et Albert Wolff fut invité à se constituer prisonnier.

Alors, s'adressant à ses gardiens, le journaliste leur demanda avec un aimable sourire sa quittance et sortit de sa poche la somme qui lui était réclamée.

On juge de la stupéfaction et de la fureur de ceux qui l'avaient ainsi promené et dont il s'était moqué durant toute une journée.

C'était là les petites vengeances des temps de misères et de déboires ; mais désormais les difficultés s'aplanissaient devant lui et il n'aurait plus à passer par des épreuves de cette nature.

De Villemessant, qui cherchait toujours, soit

par du nouveau, soit par des rédacteurs sortant de l'ordinaire, à frapper l'imagination du public et à forcer son attention, chargea Jules Vallès, dont la manière neuve et violente pouvait donner la vogue au nouveau journal, de faire tous les jours l'article servant de tête à *L'Événement*, et le rude jouteur s'engagea à accomplir ce véritable travail d'Hercule; durant deux mois, il tint parole. Puis, Albert Wolff prit la moitié de la besogne.

De cette dernière période datent des articles sur Renan, Ballanqué, Bismarck, fort intéressants.

Mais en résumé, de son entrée dans le journalisme à ce jour, Albert Wolff ne présente pas de saillie vraiment remarquable, rien qui puisse faire augurer de sa future autorité, de cette influence impossible à nier, dont chacun de ses articles est aujourd'hui la preuve.

Dans le *Charivari* ce sont d'abord des scènes, des dialogues, toute la mimique amusante et remuée dont il partage le désopilant secret avec les autres rédacteurs, sans être ni au-dessus ni au-dessous d'eux. Par exemple, entre eux et lui aucune différence qui puisse dénoncer son origine allemande ; c'est le même

genre d'esprit, français, sautillant, jouant à la
fois sur les mots et sur les situations, qu'il
s'agisse de la guerre d'Italie, de l'expédition de
Chine ou des côtés burlesques du monde bourgeois, vu à la façon de Gavarni et d'Henri
Monnier.

Autour de lui, du reste, de bonnes amitiés,
de franches et loyales camaraderies ; s'il y a
parfois des pointes échangées, des crachements
de plume trop nerveux, on ne le traite que
comme le plus parisien des confrères, sans
songer encore à lui reprocher d'être né à
Cologne : on ne le craint pas parce qu'il ne dé-
passe pas la moyenne ordinaire et ne semble
pas devoir s'élever au-dessus des camarades.

Pourtant, ce qui perce, sous cet amas de
bouffonneries, dont certaines ne supportent
pas la lecture, c'est çà et là, dans le tas des
scories, une idée philosophique masquée sous
un enduit grossier, un grain de bon sens et de.
droiture enveloppé dans le miel épais de la
farce, ce miel qui fait avaler sans grimaces les
vérités les plus amères.

C'est seulement à dater de ses *Gazettes de
Paris* dans *L'Événement*, que l'on commence
à voir se dégager par places, au milieu de quel-

ques articles, un peu de la personnalité du futur grand chroniqueur parisien.

Il cause de tout et de tous, paraissant s'essayer dans des genres différents, comme pour assouplir sa plume, essayer ses forces et il ne prend que lentement confiance en lui. Il se sert de la place en vue qu'il occupe à la première page du journal pour, tour à tour, faire une critique dramatique, toucher une question d'art, aborder la discussion musicale, raconter une histoire, ou tracer un portrait. Ce ne sont là que d'imparfaites esquisses, des tentatives ébauchées, d'où jaillit parfois un trait heureux, une ligne correcte, embryon confus et lourd de ce qu'il fera plus tard.

Ce que nous relevons de plus personnel dans la collection de *L'Événement* de 1866, ce sont les *Gazettes* qui ont trait à l'Allemagne, au comte de Bismarck, à la landwehr, surtout le récit fait en juillet-août et comprenant onze lettres sur la guerre entre la Prusse et l'Autriche.

Albert Wolff était parti le 26 juillet, avec MM. de Villemessant et Dumont, pour visiter le théâtre de la guerre ; ce voyage. terrible, il le termina tout seul, voulant jusqu'au bout se pénétrer de l'horreur qu'il avait toujours ressentie pour la guerre. Quelques-uns de ses articles, faits ainsi sur place, sont des drames en raccourci d'un intérêt poignant.

La note humoristique s'y fait encore jour, mais moins souvent; on devine que l'écrivain subit la terrifiante impression de ce qu'il voit et de ce qu'il raconte, avec un profond et sincère sentiment de répulsion pour ces tableaux sanglants.

Lorsqu'il parcourt les champs de bataille encore humides de sang autrichien et prussien, il ne tarit pas en cris d'horreur et de réprobation contre cette sauvagerie indigne de toute civilisation, la guerre! Il semble écrire, avec le souvenir non effacé des tueries d'autrefois, dont lui parlait d'une manière, si naïvement navrée, son grand-oncle le lancier, toujours sous l'impression désolée de la lamentable retraite de Russie, où l'on mourait de froid et de faim, quand on échappait aux lances des Cosaques.

On dirait aussi qu'il y a en lui déjà, à cette époque, comme une vision funèbre de l'avenir, de l'égorgement qui séparera à jamais, par des fleuves de sang et des tranchées pleines de ca-

davres, ces deux nations auxquelles il appar-
tient à la fois par le sang et par la reconnaissance, l'Allemagne, la France. Il n'a pas assez
d'indignations pour maudire la guerre et pour
en faire ressortir les inutiles boucheries, étalant
sous les yeux avec une émotion vraie et communicative les catastrophes, les deuils, comme
un exemple inoubliable. Et il termine par cette
phrase : « *Voilà, cher lecteur, la guerre chantée
par les poètes !* » Après avoir dit non moins
justement au commencement de cette excursion à travers les ruines : « *Le règne vraiment
glorieux serait celui qui donnerait à une nation
la grandeur de la paix.* »

Et cette horreur de la guerre, il l'exprimait
devant les succès foudroyants de ses compatriotes comme s'il avait prévu que d'autres catastrophes allaient en sortir.

Pour nous, il y a plus d'originalité vraie dans
ces sombres descriptions que dans la plupart
des choses écrites jusqu'alors par le journaliste,
parce qu'il s'y est livré plus complètement et
qu'il y a été plus entièrement lui-même.

Certes, ses *Gazette de Paris* commençaient à
tenir vaillamment leur place, même à côté des
Lettres Parisiennes d'Albéric Second, du spiri-

tuel *Album de la Ville* d'Aurélien Scholl, qu'accompagnaient alors les délicieuses *Lettres de mon Moulin* d'Alphonse Daudet et le roman d'Émile Zola, *Le Vœu d'une Morte*.

Mais ce devait être au *Figaro* qu'il entrerait définitivement en scène comme véritable chroniqueur parisien, après la disparition de *l'Événement*.

L'*Événement* fut supprimé à la suite d'un jugement rendu par la police correctionnelle. Un article d'Alphonse Duchesne sur le droit des pauvres dans les théâtres de Paris, fut considéré comme article d'économie politique, ce qui entraînait la suppression du journal, n'ayant pas versé de cautionnement.

C'est alors que le *Figaro* devint quotidien et ce n'est que plusieurs années plus tard que M. Edmond Magnier ressuscita l'*Événement*, transformé en journal républicain.

Albert Wolff entrait au *Figaro* avec le titre de chroniqueur.

XIV

Chroniqueur! De ce jour part la véritable
voie enfin trouvée par le journaliste. De ce
jour commencent les remarquables articles
qui, échelonnés à des distances plus ou moins
rapprochées, avec des intervalles de faiblesse
et des coups d'ailes superbes, vont rapidement
acheminer vers la maîtrise celui qui a si piètre-
ment débuté dans une feuille de caricatures et
qui a si longtemps lutté avant d'arriver à poser
un pied assuré sur le premier degré de l'échelle.

Chroniqueur! Auguste Villemot, le prince de
la chronique, comme l'a souvent appelé Albert
Wolff avec une respectueuse et jalouse admiration, parle du métier de chroniqueur dans le
numéro d'inauguration du *Figaro*, et le définit
ainsi :

« Dans ce métier, ce qui est plus essentiel que l'initiative d'esprit, c'est son aptitude à saisir les travers et les ridicules de son temps, une certaine intuition de ce qui est plaisant de sa nature, une probité de caractère qui permet d'effleurer les choses sans blesser les hommes (ludere, non lædere), *et par-dessus tout l'art de dépouiller le mouvement contemporain de ses détritus pour en donner l'expression en un mot. »*

Certes, l'homme de grand talent qui savait en quelques mots si justes, si nets et si clairs donner une idée aussi exacte et aussi simple de ce que doit être le chroniqueur, devait connaître à fond ce difficile métier, et c'est pourquoi il le pratiqua toujours en maître.

Il ne pouvait prévoir que ses préceptes seraient suivis avec une fidélité telle, une intelligence si intuitive de la chose, qu'il serait un jour non seulement égalé dans cet art délicat, mais aussi en certains moments dépassé, si ce n'est dans la science même du métier, tout au moins au point de vue de l'influence et du poids sur l'opinion publique.

Est-ce à force d'études ou tout bonnement d'instinct, par un flair curieusement profond du métier, qu'Albert Wolff est arrivé à ce résultat?

Nous estimons qu'il y a en lui de l'un et de l'autre. L'instinct à ce degré se nomme de l'art, et quant à l'étude, il suffit de relever, mois par mois, le travail de l'écrivain depuis son entrée dans la presse parisienne pour donner une idée de la masse énorme et diverse de labeur continu fournie par lui.

Ce qu'il y a de certain, et chacun pourra s'en rendre facilement compte par la comparaison, c'est que le chroniqueur du *Figaro*, comprenant la chronique d'une manière quelque peu différente que la plupart de ses prédécesseurs, se rapprochait beaucoup plus de la formule magistralement donnée par Auguste Villemot, et venait ainsi ajouter à la transformation du journal et du journalisme, dont on est surtout redevable à MM. Millaud, de Villemessant et de Girardin, la transformation de la chronique.

Entre ce qu'était la chronique à ses débuts et ce qu'elle est maintenant, il ne saurait y avoir de comparaison possible. L'impression est frappante et incontestable quand on feuillette les années du *Figaro*, depuis sa création, et qu'on lit d'une manière critique les différentes chroniques se succédant d'année en année jusqu'à la fin de 1866.

Du reste, le fondateur du journal ne s'y trompait nullement, lui, et le changement continuel du rédacteur chargé de faire la chronique prouve bien qu'il cherchait toujours sans le découvrir celui qui devait compléter son œuvre gigantesque. Après Auguste Villemot, le seul qui ait véritablement su ce qu'on devait comprendre sous ce titre de chronique, nous voyons divers écrivains de plus ou moins de valeur, quelques-uns très brillants, venir essayer leurs forces dans ce genre complexe et terriblement ardu.

Certains sont d'un esprit étincelant et font feu des quatre pieds, emportant le morceau; mais aucun ne chronique suivant les règles.

Il faut arriver à Albert Wolff et à Henri Rochefort pour pouvoir trouver des chroniqueurs dans la complète acception du mot. Et encore, Henri Rochefort a-t-il trop rapidement forcé la note, emporté par ses nerfs, oubliant la sage maxime de Villemot: *Ludere non lædere :* il a blessé et cruellement, en abordant la politique à outrance, la politique qui grise et qui aigrit.

C'est ainsi que Rochefort et Wolff, qui étaient entrés ensemble au *Charivari*, qui avaient traversé ensemble le *Nain Jaune*, se retrouvaient côte à côte dans le *Figaro*.

Ils n'étaient pas seulement collaborateurs dans le même journal, mais ils faisaient des vaudevilles ensemble et se trouvaient possédés de la même passion pour les arts, avec cette différence toutefois, que Rochefort n'aimait que l'art ancien et Wolff que l'art moderne.

Rochefort ne quittait pas l'hôtel des Ventes, quand il y avait quelque vente de vieilles toiles de maîtres, et alors, vous abordant avec un de ces sourires malins dont il a le secret, il disait :

« Je viens de voir un Velasquez de premier ordre ! — S'il ne va pas au delà de soixante cinq francs, personne autre que moi ne l'aura ! »

Cette communauté de travail et cette amitié furent interrompues par la politique.

En 1869, une polémique des plus vives, et dont nous ne voulons pas rappeler les détails, éclata entre les deux journalistes et divisa Wolff et Rochefort. Elle semblait devoir durer éternellement, car, treize ans après, ils passaient encore l'un près de l'autre sans se saluer.

Ce n'est que cette année, que Rochefort,

entrant par hasard à la répétition générale de la *Revue* des Variétés, y rencontra son ancien camarade et lui dit :

« Tiens ! vous êtes donc de la *Revue* ? »

Et Wolff, faisant allusion à leur ancienne collaboration, lui répondit :

« Oui, vous devriez en être aussi, comme autrefois ! »

On rit, on se serra la main et tout fut fini.

Aussi Albert Wolff a-t-il bien raison de dire, comme nous le lui avons souvent entendu répéter, qu'il avait pris le parti de ne plus se brouiller avec personne, depuis qu'il a acquis la conviction qu'on finit toujours par se raccommoder.

Assurément Wolff, lui aussi, a commencé par faire des chroniques modelées sur celles des autres, ce sont toutes celles qui n'ont pas réussi, toutes celles qui l'ont laissé stationnaire. Il a emboîté le pas aux anciens errements, se laissant détourner par une préoccupation toute littéraire, ou tenter par l'attrait miroitant des anecdotes, des nouvelles à la main, enfilées les unes au bout des autres en manière de chapelet. Alors il était un critique ou un conteur, mais nullement un chroniqueur.

Il lui a fallu beaucoup de temps, une longue
et pénible expérience de la chose, avec des
chutes, des fautes grossières, avant d'arriver
au résultat cherché et d'atteindre le but. Mais,
de tous c'est celui qui, même à ses débuts, s'en
est le plus rapproché; s'il lui est arrivé souvent
de retomber dans l'ancien système, soit faute
d'un sujet palpitant, d'une cause empoignante,
d'une actualité facile à interpréter, chaque fois
que l'occasion s'en est présentée il a su prendre sa revanche et montrer l'ongle du maître
imprimé dans la pâte du papier.

Tous ont fait de la chronique ou bien une
arme de guerre, ou bien une suite de cancans
plus ou moins gais, plus ou moins bien trous-
sés, ou bien un portrait littéraire mais incomplet. Lui, l'a saisie dans son sens exact et synthétique, on le reconnaît immédiatement lorsque, les lignes d'Auguste Villemot sous les yeux,
on détaille certaines chroniques d'Albert Wolff.
Tout s'y trouve, le côté plaisant, la probité de
caractère et par-dessus tout, l'art de dépouiller
le sujet traité de ses scories, de tout ce qui
peut en retarder la compréhension ou embar-
rasser l'explication, pour en résumer l'expression d'un mot.

C'est là le grand art du chroniqueur parisien.

En arrivant à un pareil résultat, Albert Wolff apportait au journalisme une aide d'une valeur incalculable ; désormais le livre, si fortement battu en brèche par la presse à informations, à la fois littéraire, artistique, scientifique et politique, allait se trouver atteint dans ses derniers retranchements.

Aussi, est-ce le reproche capital que nous ferons ici au journaliste, celui d'avoir, en perfectionnant l'art inférieur de la chronique, en le quintessenciant, diminué l'intérêt du livre.

XV

En effet, ce qu'il y a de curieux à observer, de navrant et de désolant aussi, au milieu de ce progressif envahissement de la société contemporaine par le journal, c'est le rôle de plus en plus effacé, de plus en plus restreint du livre, c'est l'amoindrissement continu de son antique puissance.

Autrefois, au XVIIIe siècle par exemple, l'immense vogue des encyclopédistes est due, en grande partie, à leurs livres et à la propagande énorme de leur parole imprimée, colportée en volume, occupant toutes les bibliothèques. On les lit, on les relit, on les médite longuement page par page et ils s'implantent pour toujours dans le cerveau, auquel ils communiquent leur force et leur raison.

Aujourd'hui il n'en serait plus de même; on lit moins de livres et on recherche, avec une avidité toujours plus grande, les journaux qui, par la forme condensée et succincte de leurs articles, facilitent l'absorption d'un plus grand nombre de choses à la fois et peuvent les présenter dans leur intégralité réelle ou factice d'une manière commode pour l'œil et pour l'esprit. Un article est d'une digestion plus facile qu'un livre qui s'étend à loisir, retarde le dénouement et n'explique pas sans fatiguer; en quelques minutes une chronique bien faite vous résume la chose et vous en donne la quintessence raisonnée.

Donc, à quoi bon aller se perdre entre les pages nombreuses d'un volume, quand le même sujet se trouve raconté, abrégé et complet en quelques lignes habilement troussées! Du reste, cela va de pair, ou semble aller de pair avec ce siècle scientifique, de concert avec les télégraphes, les téléphones, la vapeur, l'électricité, et rien ne saurait retarder ni entraver cette marche en avant.

Oui, tout ce qu'on pouvait avancer antérieurement, lorsqu'on vantait les services incalculables rendus par l'imprimerie, on l'appliquera avec de grands semblants de vérité au journal, cette force moderne qui, pareille à l'idole de Djaggernauth, broie sous les roues de son char tout ce qui se jette devant elle.

Certes, la puissance de persuasion des textes imprimés l'emportait sur celle des manuscrits du moyen âge, si parfaits qu'ils pussent être ; l'imprimerie enlevait tout ce que l'écriture pouvait avoir de fatigant et d'embarrassant à la fois. On a dit qu'en supprimant ainsi tout effort de lecture, elle permettait à l'esprit de se concentrer sur le sens et de suivre sans fatigue la pensée de l'auteur. Pouvons-nous nous empêcher de le dire avec autant de raison de l'article de journal, de la chronique surtout, qui étudie à fond une question, l'examine sous toutes ses faces et la résout sans noyer le lecteur au milieu des longueurs, ni le fatiguer par un travail lent et pénible? En quelques instants il sait à quoi s'en tenir sur le sujet qui l'intéresse, sans nul effort d'esprit.

Le cerveau s'assimilera mieux les choses et en conservera peut-être un souvenir plus net, mais, en trouvant ainsi sa besogne toujours toute mâchée, il deviendra plus rebelle aux indispensables exercices d'assouplissement et de réflexion auxquels l'associait le livre. Il s'abandonnera à une paresse et à une somnolence dangereuses, se déshabituant de penser et de raisonner.

Voilà pourquoi, tout en reconnaissant la valeur de la chronique, tout en constatant la somme de talent qu'elle nécessite, nous ne pouvons nous défendre de déplorer la perfection à laquelle elle est arrivée aujourd'hui, puisque cette perfection est ce qui a le plus contribué à tuer la puissance du livre.

Mais tous les journalistes n'étaient pas aptes à ce prodigieux travail de concentration, et nous n'avons rencontré que celui dont nous nous occupons ici qui soit parvenu à résumer complètement, en si peu d'alinéas, la plupart des graves questions qui s'agitent et sont constamment soulevées au milieu de notre société.

Du jour où Albert Wolff a su trouver le secret de la formule de la chronique, telle qu'il la comprend et qu'il la pratique, le livre s'est trouvé relégué à un plan inférieur, et le journal, de plus en plus puissant, a étendu peu à peu son ombre gigantesque sur tout.

Aujourd'hui cette domination est absolue et

tout à fait incontestée ; les puissances d'autrefois s'inclinent devant ce nouveau maître, un despote jaloux de son autorité et courbant sous lui tout ce qui l'entoure, tout ce qui l'approche. Littérateurs, grands politiques, artistes, financiers, savants, tous encensent bon gré mal gré le dieu terrible qui fait et défait les réputations.

Se sentant impuissant à la résistance, le livre a cédé la place ; bien plus, il n'a d'autorité, de crédit, de succès, que si le journal veut bien l'élever jusqu'à lui et lancer son nom par les milliers de voix de ses trompettes éclatantes à ses innombrables lecteurs. Rien ne saurait mieux affirmer sa déchéance que cette soumission forcée, que cette préoccupation constante du journal qui est le dévorant et continuel souci du Livre.

XVI

Voilà une année entière que le journaliste s'exerce à ce métier de chroniqueur que tant d'autres n'ont pu continuer, faute de moyens, faute de souffle, faute surtout d'avoir saisi le vrai côté de la chronique.

Il a peu à peu perfectionné sa manière, cherchant la vérité dans une quantité d'essais plus ou moins heureux, dont le résultat commence seulement à se faire sentir.

Ce qui peut faire deviner qu'il arrive, qu'il s'élève au-dessus des autres, c'est que les attaques se dirigent de son côté et qu'il a le grand honneur de figurer dans ce livre vindicatif, cruellement vrai par endroits, plus cruellement faux dans certaines parties, qui s'appelle *Les Odeurs de Paris.*

Un maître écrivain s'est préoccupé de cette physionomie que l'on distingue au milieu de la cohue énorme des journalistes de toute sorte, et il faut que cette préoccupation soit bien aiguë pour qu'il ne craigne pas de l'attaquer avec une violence et une âcreté telles, et qu'il n'hésite pas à se servir d'armes déloyales.

En effet, dans la catégorie des boulevardiers, Louis Veuillot a consacré un chapitre spécial à celui qu'il nomme *Le Respectueux* et qu'il désigne sous le nom transparent de *Lupus*, le loup, traduction latine du mot allemand Wolff. Le portrait est, du reste, parfaitement méchant et entièrement faux. N'ayant pas assez d'arguments réels pour foudroyer le journaliste, le critique s'en prend surtout à un article inoffensif consacré par Wolff à la description de l'hôtel et des appartements de Paul Demidoff ; il termina par une insinuation tellement outrageante, que le rédacteur du *Figaro* fit, dans son journal, une réponse très digne et très simple, qui eut pour résultat d'amener la suppression, par l'auteur, du paragraphe équivoque terminant le chapitre qui visait *Lupus*. C'est dans la réponse du journaliste que nous relevons cette piquante riposte à l'accusation facile de Prussien

lancée par l'auteur des *Odeurs de Paris* :
« M. Veuillot se trompe, il n'y a plus de Prusse,
il y a longtemps qu'elle a été annexée à la
France par quelqu'un qu'il n'aime pas, par
M. de Voltaire. »

Dès lors sa personnalité se dégage et s'af-
firme de plus en plus ; en 1867, on peut dire
que Henri Rochefort, avec sa *Chronique
Parisienne*, et lui, avec sa *Gazette de Paris*,
sont les deux plus solides colonnes du *Figaro*.

Déjà, usant des avantages que lui procurent
dix années de vie parisienne, dix années de
frottement à la plupart de nos grandes célébrités artistiques et littéraires, il peut donner plus
de piquant à certaines de ses chroniques, en y
mêlant des choses vues, des détails amusants,
tantôt sur Théodore Barrière, tantôt sur Victorien Sardou, tantôt sur Verdi, tantôt sur
Alexandre Dumas fils, selon que l'on représente *Les Brebis galeuses*, *Maison neuve*, *Don
Carlos* ou *Les idées de Madame Aubray*.

C'est à propos de *Don Carlos* qu'il fit un article dans lequel, en pleine prospérité impé-
riale, il poussait un cri de révolte contre le
régime qui dominait la presse, rappelant l'élan
énorme qui accueillit partout les mots du

marquis de Posen disant au tyran Philippe II :
« Sire, rendez la liberté de la pensée ! »

Un coin ignoré des débuts, un ressouvenir du passé, une historiette intime concernant l'écrivain ou l'auteur en vue, sont comme le point lumineux, dont le rayonnnement s'étale sur son article tout entier, lui communiquant la saveur pimentée dont sont si friands nos palais de Parisiens blasés, dont sont si gourmandes nos curiosités badaudes.

Il les a tous connus dans des moments difficiles, à ces heures de détente où l'homme privé se trahit, laissant de côté pour quelques minutes son masque impassible de personnage en vue, et, l'un des premiers, il a compris combien chez nous on est avide de ce déshabillé des grands hommes, qui nous les montre plus humains et moins infaillibles. Seulement il a toujours su le faire avec un tact irréprochable, s'arrêtant à la limite extrême sans jamais dépasser les bornes, ce que d'autres, moins fins, moins habiles, ne font pas.

Or, le public, un grand enfant volontaire et curieux, aime bien connaître certains secrets de ses idoles, mais il ne veut pas qu'on les lui dépoétise tout à fait, ce qui explique l'insuccès complet des déshabilleurs de célébrités qui vont trop loin. Jamais le chroniqueur n'a commis cette lourde faute, car, plus il a vécu au milieu des Parisiens, plus il les a connus, compris, devinés.

Il faut aussi lui reconnaître une sorte de science innée de ce qui peut plaire et de ce qui ne plaît pas. Certes, il a des articles monotones, empâtés, de vraies grisailles, lorsque le sujet ne prête pas et qu'il ne peut en tirer un de ces effets étonnants qui lui sont habituels ; mais, à d'autres moments, la flamme cachée, enterrée sous les cendres, jaillit tout à coup, pure et éclatante, avec une intensité qui force l'attention et vous fait retourner.

Nous citerons entr'autres, à cette époque, une chronique, qui est en même temps un tableau singulièrement coloré et une très exacte appréciation de la différence énorme qui existe entre le caractère allemand et le caractère français : c'est pourquoi nous la choisissons.

Une exécution venait d'avoir lieu à Paris. Albert Wolff, avec la curiosité philosophique qui le poussait à étudier à tous les points de vue ces lugubres spectacles, avait voulu y assister. Cette foule bruyante, gouailleuse, dont

les houles formidables roulent pendant toute
une nuit autour de l'échafaud que l'on dresse,
l'avait vivement frappé, évoquant en lui le souvenir d'un tableau tout autre, dont il avait
gardé une très fidèle vision, dans une occasion
presque semblable.

C'était à Berlin, au temps où il étudiait la
physiologie ; grâce à un ami, il avait pu être
admis à voir une exécution capitale. Cela
se passait à huis-clos, dans l'intérieur d'une
cour de prison, au milieu de quinze ou vingt
assistants tout au plus, et sous l'écrasement
d'un lourd et profond silence qui avait quelque
chose de sinistre et de terrifiant, d'autant plus
que la décapitation se faisait à la manière
antique, à la hache.

Quelle différence avec la tapageuse guillo-
tinade de la place de la Roquette et sa meute
hurlante de voyous, et combien l'appareil de
Berlin avait plus de solennelle gravité, plus de
respect de la justice ! Certes, il y avait également là une question de tempérament, de nationalité.

C'est ainsi qu'il ne laissait échapper aucune
occasion d'intéresser, de tenir ses lecteurs sus-
pendus à ses lèvres, ayant sur ses confrères le

grand avantage de pouvoir au besoin se dédoubler, jugeant aussi impartialement les choses au point de vue allemand qu'au point de vue français. Il le faisait sans passion mauvaise, sans autre préoccupation que de dire vrai, d'exprimer d'une manière aussi saisissante que possible ce que lui-même ressentait.

Il est certain que son influence vient aussi de là et que c'est une des multiples causes de son succès parmi nous. Il a su se transformer en Parisien, tout en conservant certaines des qualités solides de sa patrie germanique et en restant toujours, sous le vernis boulevardier, le petit conteur ému et émouvant de *Guillaume le Tisserand*.

XVII

Puis le *Figaro* qui, jusque-là, sous ses différentes formes, était toujours resté en dehors
des questions politiques et, plus que tout autre,
avait répandu le goût du journalisme littéraire,
par le talent et la variété des écrivains auxquels
il ouvrait ses colonnes, céda lui aussi à la con-
tagion et devint journal politique.

Albert Wolff ne changea pas pour cela sa
manière d'écrire, ayant l'intention de continuer
sa carrière littéraire sans empiéter sur un terrain aussi dangereux et aussi plein de surprises.
Il se contenta, dans une de ses chroniques, d'é-
mettre l'opinion qu'en politique, comme en
toutes choses, il faut avant tout, dire ce que l'on
pense, le succès devant rester du côté du bon

sens ; il avait également coutume de dire qu'en politique on peut être à la fois de tous les partis, excepté du parti des imbéciles.

C'est à ce moment que Rochefort rentra brillamment en scène, en reprenant au *Figaro* sa fameuse *Chronique parisienne* qui paraissait tous les deux jours alternant avec les articles d'Albert Wolff. Nous voyons reparaître en même temps l'ancien ténor du journal, Auguste Villemot qui donne des articles intitulés *La politique d'un bourgeois de Paris.*

La vogue sérieuse commence pour Albert Wolff ; son nom fait autant de sensation que celui de son confrère Rochefort, et leurs chroniques sont suivies par le public avec une même ardeur.

Grâce à eux, le succès du *Figaro* s'accentue et grandit tous les jours, et il devient véritablement le journal type de la presse politico-littéraire à informations. A côté de l'amusante et éblouissante petite guerre que Rochefort fait, avec un esprit endiablé, au Gouvernement, comme pour se préparer à celle qu'il lui fera plus tard sérieusement, le *gazetier* de Paris donne coup sur coup des articles d'une grande portée.

Le grand stimulant pour Albert Wolff fut la lutte terrible qu'il eut à soutenir pour tenir sa place entre Villemot et Rochefort.

Il sentait fort bien qu'en présence de l'autorité du grand chroniqueur Auguste Villemot et de la renommée naissante et déjà si justement établie de Rochefort, sa situation serait fort difficile. Il lui fallut donc faire un effort énorme pour ne pas être écrasé, et c'est pourquoi ses articles deviennent bons, sous la cinglante et incessante lanière de l'émulation qui le stimule continuellement.

Du reste, il ne faut pas se dissimuler que cette époque a été réellement le plus beau temps de la chronique, et que jamais un journal n'a pu réunir depuis trois représentations aussi diverses de la chronique, Rochefort étant l'ironie hautaine et sanglante, Auguste Villemot le gros bon sens et Albert Wolff, l'émotion perçant sous un éclat de rire.

L'idée de suivre l'un des deux autres ne pouvait venir à Wolff, car il était toujours entraîné par la question des mœurs sociales, au point de vue de la civilisation et non de la politique.

A propos de la reprise de *Hernani*, le 22 juin, il oublie volontairement la nuance conservatrice et plutôt gouvernementale de la feuille où il écrit, pour faire une complète apologie du grand exilé Victor Hugo.

Ceci c'est le sang d'autrefois qui bout de nouveau dans ses veines, le lançant en avant pour défendre les persécutés, pour protester contre les atteintes à la liberté de conscience, à la liberté individuelle, d'où qu'elles viennent, comme s'il sentait encore passer sur ses chairs le frisson d'épouvante qui l'avait glacé, dans son enfance, au milieu des odieuses ténèbres de la petite maison du juif Isaac, et comme si cette protestation fût l'invariable cri de son cœur réveillé, toujours luttant contre cette persécution.

Sans se soucier des raisons politiques que l'Empire invoquait, en plein milieu du réactionnaire *Figaro*, il prend hautement la défense du Maître et proteste énergiquement contre des mesures prohibitives qui, ne pouvant frapper le glorieux exilé lui-même, s'attaquaient petitement à ses œuvres, à son théâtre, à tout ce qui sortait de sa plume de génie. Il y avait là une injustice et il se rebellait, ne craignant pas de dire son opinion, comme cela lui arrivera toutes les fois que l'occasion s'en présentera:

il est facile de s'assurer de ce curieux côté de son caractère, en relevant ses écrits de journaliste.

De là, nous devons le faire remarquer en passant, date entre le grand poète et le maître chroniqueur une affection profonde qui se manifeste en toute occasion, respectueuse et enthousiaste de la part de ce dernier, cordiale et franchement amicale de la part du premier.

C'est ainsi qu'il a toujours conservé toutes ses amitiés, quoique appartenant à la presse réactionnaire, à cause de ses continuels élans d'indépendance. Il n'a jamais cessé de fréquenter Ranc, Vacquerie, Lockroy et beaucoup d'autres, restant en aussi bons termes avec eux qu'avec les écrivains des journaux conservateurs.

Déjà quelques touches, données légèrement çà et là, sont les indications de points qu'il traitera plus tard avec plus de vigueur ou de passion, surtout avec plus d'autorité.

La mort de Lambert Thiboust l'amène à rappeler comment il l'avait connu et l'amitié intime qui avait fini par les lier durant ces dernières années. Il donne ensuite de forts curieux détails sur la mort de l'empereur Maximilien et traite gaiement le Parisien de *fils de Jocrisse et de Voltaire*, à propos du fameux zouave Jacob, ce charlatan, cet empirique qui fit un instant courir tout Paris.

Pour la première fois aussi il soutient une thèse que nous lui reverrons reprendre toujours avec le même acharnement passionné, en écrivant un complet éreintement sur les envois de l'école de Rome, exposés en août 1867: c'est le premier coup de feu tiré par lui contre la Villa Médicis, l'académie française de Rome, et ce ne sera pas le dernier.

Nous noterons une vive protestation du chroniqueur contre ceux qui excitent la haine des **Français** contre les Allemands et celle des Allemands contre les Français, protestation qui, à côté de la question humanitaire, s'élève de son cœur à la fois **comme Allemand** et **comme Français**.

Désormais son nom est hautement coté dans le journal.

En parlant de l'affaire d'Orvault, et de l'expulsion d'un enfant, mis à la porte d'un collège de Paris, pour des raisons de famille, Albert Wolff aborde les sujets d'ordre social, où il trouvera dans la suite ses meilleures chroniques, celles qui ont eu le plus de retentissement et le plus de portée sur le public. C'est là un genre où il excellera.

Henri Rochefort ayant quitté le *Figaro* au mois de juin 1868 pour créer la *Lanterne,* Wolff restait seul chroniqueur du journal de M. de Villemessant.

Vers ce moment il fut exposé aux plus honteuses attaques, calomnié de la manière la plus infâme par un petit journal qui s'intitulait l'*Inflexible* et par une brochure qui avait la prétention de démasquer *les Impurs du Figaro.* Cette guerre d'outrages et de basses accusations s'adressait d'abord à Henri Rochefort, pour des raisons d'ordre particulier, mais les insulteurs ne pouvaient laisser de côté une personnalité aussi brillante que celle d'Albert Wolff, et ils déversèrent également sur lui leurs hottées d'ordures.

Les poursuites exercées par les calomniés n'amenèrent à Paris qu'un résultat incomplet et une condamnation insignifiante; mais l'*Inflexible* ayant reparu à Bruxelles, Albert Wolff poursuivit ses insulteurs devant les tribunaux belges, qui, heureusement pour lui, n'étaient pas présidés par le fameux M. Delesvaux. Son

avocat fut M. Orts, président de la Chambre
des Députés, qui, le jour où Albert Wolff lui
demanda ce qu'il lui devait comme honoraires,
répondit noblement : « J'ai été votre témoin
dans une affaire d'honneur, voilà tout, et cela
ne se paie pas. »

Cette fois il obtint pleine et entière justice :
le journal fut condamné à dix mille francs
d'amende. Les rédacteurs de la feuille immonde
étant insolvables ou en fuite, l'amende frappait
l'imprimeur et devait amener sa ruine.

Albert Wolff, ayant eu connaissance de ces
faits, fut mis en rapport avec l'imprimeur, auquel il annonça qu'il lui faisait remise des dix
mille francs, se trouvant pleinement vengé par
les sévères considérants du tribunal et l'effet
moral de la condamnation lui suffisant.

L'imprimeur fut si joyeux d'une générosité
qui le sauvait qu'il remit au chroniqueur parisien une pièce d'un très vif intérêt pour lui,
l'épreuve du numéro de l'*Inflexible*, avec les
corrections faites de la main de l'un de ceux qui
avaient rédigé le journal. C'est là une pièce à
conviction que le journaliste a toujours pré-
cieusement gardée.

Depuis, l'un des insulteurs est mort dans le

ruisseau. Le survivant, poursuivi par ses re-
mords en face des labeurs continus de celui
qu'il avait outragé, l'a accosté tout dernièrement
sur le boulevard, au coin de la rue de Richelieu,
et voici la conversation textuelle qui eut alors
lieu entre eux :

« Monsieur Wolff, me pardonnerez-vous
jamais de vous avoir si outrageusement calomnié dans l'*Inflexible*, il y a quatorze ans ?

— Vous voyez, repartit le chroniqueur,
comme cela m'a empêché de faire mon chemin !
Mais vous avez fait là une bien vilaine besogne.

— Alors, vous me pardonnez !

— Non pas ainsi. Je vous pardonnerai le jour
où vous ferez publiquement cette déclaration
et ces excuses ; l'outrage ayant été public,
l'amende honorable doit l'être également. »

Et ils se séparèrent sur ces derniers mots.
Tel est l'épilogue de cette triste affaire.

A cette époque, entre les deux procès au
sujet de l'*Inflexible*, Albert Wolff, las de tant
d'attaques injustes, écœuré des déboires toujours renaissants du journalisme, entreprit,
pour se remettre, un grand voyage et emmena
avec lui comme secrétaire, le jeune Victor
Noir.

Il le présentait partout comme un jeune prince, à qui il était chargé de faire connaître l'Allemagne. Un jour, Victor Noir lui dit :

« C'est bête comme tout ce que vous faites là ! Celui de nous deux qui a le plus l'air d'un prince, c'est vous : vous avez une montre et une chaîne en or, et moi je n'en ai pas. »

Wolff lui donna aussitôt ses bijoux, ce qui l'amusa beaucoup.

C'est en souvenir de ce joyeux voyage que, plus tard, Victor Noir ayant été tué par le prince Pierre Bonaparte, le journaliste lui consacra un de ses articles les plus sincèrement émus, un article qui fit tapage au *Figaro*.

Depuis qu'il était devenu politique, le *Figaro* voyait pleuvoir sur lui les communiqués, tant et si bien que cela finit par un procès et que l'autorisation de vente sur la voie publique lui fut retirée pendant un certain temps.

Wolff fut également atteint par la police correctionnelle et arriva même à un total de deux mois et six jours de prison, à la suite de divers procès.

Il s'en affecta tellement qu'il résolut de quitter la France, décidé à attendre la chute de l'Empire, alors chancelant, pour revenir à Paris.

Des littérateurs, les plus considérables de ce temps, s'entendirent pour demander à l'Empereur la grâce de leur jeune confrère. Albert Wolff alla consulter son ami Léon Gambetta pour savoir s'il devait oui ou non accepter cette grâce.

Celui-ci, avec l'opportunisme qui germait déjà dans sa cervelle, lui dit :

« Acceptez toujours : ce sera autant d'arraché à l'ennemi.

—C'est bien, répondit Wolff ; mais, en attendant, comme je ne veux pas aller en prison même pour un jour, je vais me sauver. »

Il partit sans plus tarder et se réfugia en Belgique.

Vingt-quatre heures après, une dépêche lui annonçait à Bruxelles que l'Empereur lui avait fait remise pleine et entière de sa condamnation.

Bien des années après, à l'occasion de la mort du prince impérial, Wolff écrivit une fort touchante chronique où il disait avec une émotion vraie :

« Je vais payer à ce jeune homme la dette que j'ai contractée envers son père. »

L'écrivain achève de se séparer du passé

léger et fantaisiste des petits journaux, où il avait si longtemps donné l'essor à ses gamineries de vaudevilliste.

A mesure qu'il avance, sa manière prend une forme plus sérieuse, plus raisonnée. Parmi des articles insignifiants ou d'un intérêt médiocre, il écrit des *Gazettes* qui, sous une couleur facile, ont un fond de gravité et d'étude qui n'échappera à personne, passant des débuts de François Coppée à la messe de Rossini, de la mort de Berlioz à celle de Lamartine.

A propos de Berlioz et du revirement soudain qui se fit en faveur du grand musicien immédiatement après sa mort, il dit :

« Ils ont tous peur que Berlioz ne revienne la nuit leur tirer les oreilles. »

Au sujet du superbe drame de Sardou, *Patrie,* il fait cet aveu sincère : « *Le plus noble patriotisme, le seul que je comprenne, celui qui est au service de l'indépendance et de la liberté,* » où l'on retrouve ses idées d'enfance et de jeunesse, toujours les mêmes, son grand amour de l'indépendance qui, déjà à Cologne, faisait de lui un Français par la liberté de son caractère.

Pour la première fois depuis son fameux Salon de la *Gazette d'Augsbourg,* il est appelé à s'occuper des questions artistiques et à faire le Salon dans le *Figaro*.

Certes, ses études d'autrefois à Dusseldorf, sa demi-vocation pour la peinture, le rendaient plus apte que qui que ce soit à prendre la succession de ce brillant critique d'art nommé Jean Rousseau, qui est devenu Directeur des Beaux-Arts en Belgique.

Albert Wolff arrivait là avec certaines idées particulières, dont il ne démordra plus. Lui-même, il s'empresse de faire une déclaration de principes, dans laquelle il apprend à ses lecteurs qu'il ne s'occupera que de la génération nouvelle, des jeunes peintres et plus des vieux peintres qui, à son avis, sont surfaits. L'opinion est discutable, mais elle cadrait trop bien avec les idées de progrès, de marche en avant et de modernité du *Figaro* pour ne pas assurer à son auteur un véritable succès. La campagne qu'il entreprenait là devait, par exemple, lui créer immédiatement toute une cohorte d'ennemis assurés, sans qu'il pût encore être bien certain de se faire, de l'autre côté, des amis. Du reste, la lutte était loin de lui déplaire, son caractère le poussant toujours à batailler contre les usages établis et à les discuter bruyamment.

Mais 1869 est une année troublée, où la politique éteint un peu tous ceux qui ne s'occupent pas d'elle.

Albert Wolff entreprend alors un grand voyage qui, du champ de bataille de Sadowa, le conduira, par Munich et Salzbourg, à Vienne. Là, il est présenté à l'ambassadeur de France, M. le duc de Gramont, avec lequel il a, un jour, une conversation au sujet d'une guerre possible entre la Prusse et la France ; le journaliste lui répond que ce serait le plus grand malheur qui puisse arriver aux deux pays, car la lutte serait terrible et affreusement meurtrière, quel que fût le vainqueur.

A Frohsdorff, M. de Blacas le fit recevoir par le comte de Chambord, et ici se place un mot qui est devenu historique.

En prenant congé du prince, Albert Wolff, sans préoccupation politique d'aucune sorte, mais par la nature de son caractère, qui le poussait à s'intéresser toujours à un exilé, à quelque parti qu'il appartînt, quelque drapeau qu'il représentât, dit au comte de Chambord :

« Monseigneur, au revoir à Paris.

— Oh ! moi, répondit le prince, je suis un en-cas de la Providence. »

De Vienne, il gagne Pesth, où il est reçu par le consul de France, M. le comte de Castellane, puis Varna, et arrive à Constantinople, où de grandes fêtes étaient données pour la réception de l'impératrice Eugénie.

A Constantinople, il fut admirablement reçu par Mustapha pacha et par Khalil bey.

En quittant la ville, il fit ses adieux à tout le monde et termina par une visite au grand vizir Ali pacha.

« Eh bien, monsieur Wolff, lui dit celui-ci, quittez-vous la Turquie sur une bonne impression ?

— Mon Dieu, monseigneur, répondit le chroniqueur, oui et non. Il me manque quelque chose.

— Quoi donc ?

— J'ai un grand frère qui voudrait bien avoir une décoration, et Votre Altesse serait bien aimable de me la donner pour lui. »

Le visage d'Ali pacha se rembrunit et il prit sa mine la plus sévère pour demander :

« Qu'a-t-il fait pour mon pays, votre frère ?

— Monseigneur, s'il avait fait quelque chose pour votre pays, je n'aurais pas besoin de vous le recommander. »

Après avoir réfléchi un moment, celui-ci secoua la tête :

« Impossible. »

— Si c'est impossible, répliqua Wolff, je vais aller chez le grand vizir lui-même. »

La physionomie d'Ali pacha exprima la stupéfaction la plus complète, tandis qu'il s'écriait:

« Comment cela ? Que voulez-vous dire. »

Mais son interlocuteur continuait déjà :

« Depuis que je suis au monde, j'ai toujours lu dans les contes orientaux que le grand vizir pouvait tout ; si ce que je vous demande est impossible, c'est que vous n'êtes pas le grand vizir.

— Je le suis, fit Ali pacha en riant, et vous aurez la décoration que vous désirez. »

Ce qui fut fait.

Quand il revint en France, après l'envoi de toute une série d'articles relatifs à ce long voyage, on ne parlait que de l'affaire Troppmann, des réunions publiques, du père Gagne et de l'élection de Henri Rochefort.

En décembre 1869, le chroniqueur, en allant assister à l'enterrement de la duchesse d'Aumale, prouvait une fois de plus à quel point il était dégagé de toute attache politique; mais, en cette circonstance, il agissait une fois de plus sous l'impulsion de son caractère indépendant.

Il termine résolument son article, qui parle des princes d'Orléans, en faisant allusion à l'Empereur aux Tuileries et en disant : « Mais comment donc sont faits les empereurs, puisque, après avoir subi eux-mêmes les cruautés de l'exil, ils osent encore les imposer à d'autres ! »

Cet article produisit une grande sensation, en raison de son énorme audace.

De Villemessant, arrivé le soir même de Monaco, dit à son collaborateur qu'il avait trouvé le journal à la gare de Lyon, et qu'il avait pleuré jusqu'à Paris, en lisant cette chronique:

« Cela m'a aidé à passer le temps, » remarqua-t-il.

Puis il ajouta :

« Ça fait dix heures ! A trois cents francs l'heure, c'est trois mille francs que la caisse va vous payer : ça vaut bien cela ! »

Cependant les affaires politiques prenaient une tournure de plus en plus accentuée dans un sens hostile au gouvernement ; après dix-huit ans de tranquillité, l'Empire se sentait pour la première fois sérieusement menacé.

A peine, en janvier 1870, le cabinet Ollivier était-il formé, que la mort de Victor Noir, tué par le prince Pierre Bonaparte, vient amener de terribles complications, dont les émeutes de février, à Belleville, seront l'inévitable corollaire, malgré la pâture donnée à la curiosité publique par l'exécution de Troppmann.

Albert Wolff avait suivi à Tours son rédacteur en chef pour assister au procès du prince devant la haute Cour et en faire, dans le *Figaro*, une sorte d'appréciation philosophique. Mais plus l'affaire avançait, plus le chroniqueur se trouvait froissé par l'attitude de l'accusé, par la tenue hautaine du meurtrier. Tant et si bien que, ne pouvant dire dans son journal tout ce qu'il en pensait, ce qui était impossible avec la couleur gouvernementale du *Figaro*, il refusa de continuer à rendre compte du procès et repartit aussitôt pour Paris, laissant à Tours de Villemessant et les autres rédacteurs.

Le journal conserve toujours sa contre-partie littéraire très soignée, avec le roman d'Alphonse Daudet, donné en variétés : *Le Don Quichotte provençal, Tartarin de Tarascon,* dont nous avons déjà entrevu une courte ébauche, et qui ne porte pas encore le titre définitif qu'il prendra en volume : *Aventures prodigieuses de Tartarin de Tarascon*. Nous voyons aussi les premières chroniques un peu importantes de Francis Magnard, le futur rédacteur en chef du *Figaro*.

Quant à Albert Wolff, malgré lui, ses *Gazettes* subissent l'influence des événements et se laissent envahir par la politique; aussi sont-elles de beaucoup les moins bonnes et les plus faibles du chroniqueur.

Enfin sa dernière *Gazette de Paris* porte la date du 10 juillet 1870. Il ne se doutait pas encore des terribles souffrances qu'il allait avoir à supporter et de la catastrophe qui se préparait comme pour clore d'une manière tragique cette année néfaste.

XVIII

Nous arrivons à la partie la plus dramatique et la plus sombre de cette histoire, car ce que nous avons à raconter maintenant, à détailler, ce sont les péripéties de la plus épouvantable succession de douleurs morales qu'il soit possible d'imaginer.

Albert Wolff pouvait se croire presque arrivé ; sa réputation s'établissait peu à peu, son nom se répandait partout. Encore quelques efforts et, après treize années de labeur assidu, il allait toucher le but.

Le 15 juillet 1870, la guerre éclatait entre la Prusse et la France, entre sa patrie d'origine et sa patrie d'adoption : le coup fut atroce, sans précédent.

Avant toute autre réflexion, ce qu'il devait faire, c'était partir, ne pas se trouver au moment de la collision entre les deux peuples qui allaient en venir aux mains, s'exiler dans quelque pays neutre et affirmer ainsi sa douleur. Il s'empressa de se faire délivrer un passeport pour la Suisse, et, le 17 juillet, il quittait la France, se rendant à Berne.

Comment rendre les désespérantes pensées qui, en ce moment, harcelèrent furieusement le cerveau du malheureux journaliste, doublement victime de ces terribles événements? Il devait tout à la France, mais devait-il renier sa patrie véritable, celle où étaient ses frères, ses sœurs, toute sa famille, celle où il était né?

Que faire? Comment résoudre l'effrayant dilemme? Tout tourbillonnait follement dans sa tête sans qu'il pût s'arrêter à prendre un parti définitif.

A Genève, il se croisa avec son confrère Albert Millaud qui revenait d'Italie, où il se trouvait en voyage, et courait à Paris, ramené par la déclaration de guerre, ayant hâte de venir reprendre sa place dans la patrie menacée.

Albert Wolff l'arrêta :

« Mon ami, lui dit-il, je ne sais si nous nous reverrons jamais ; je ne sais si je n'ai pas quitté pour toujours mes amis de là-bas, et cette pensée m'est insupportable. Tenez, faites une chose : demain, dès votre arrivée à Paris, allez trouver le Préfet de police, demandez-lui un sauf-conduit pour moi ; immédiatement je reviens, je me fais naturaliser Français et du moins j'aurai le droit de mourir avec vous, au milieu de vous. »

Millaud lui serra la main en lui promettant une prompte réponse.

Le surlendemain il recevait une longue lettre lui conseillant sagement de ne pas revenir et de renoncer à un pareil projet ; à Paris les esprits étaient dans un état de surexcitation telle qu'il y aurait pour lui un réel danger à venir affronter les colères aveugles d'une population qui voyait des espions dans tous ceux qui portaient un nom allemand, sans faire de dis-tinction entre les ennemis et les amis.

C'était, cette fois, irrévocable : Albert Wolff était condamné à la neutralité.

Du reste, cette dure nécessité ne pouvait être pour lui que fort honorable. Au moment où la guerre éclatait ainsi entre ses deux patries, il ne pouvait sacrifier l'une à l'autre, sans se faire accuser de félonie par celle qui serait sacrifiée. Conservant en réalité une reconnaissance éternelle pour la France qui l'avait fait ce qu'il était, il ne pouvait cependant renier l'Allemagne, au moment où il avait le droit de la croire sérieusement menacée, nul ne prévoyant alors le résultat de la lutte qui allait s'engager. Un seul parti lui restait à prendre, garder la neutralité ; c'est celui qu'il prit, se réservant d'étudier en désespéré cette lutte cruelle, où tous les coups portés devaient lui être plus sensibles et plus douloureux qu'à un autre, puisqu'il allait doublement souffrir, comme Allemand par le sang et comme Français par le cœur et l'adoption.

Il se trouvait encore en Suisse, lorsque les premières nouvelles de la guerre lui arrivèrent ; c'étaient des désastres pour la France, des défaites successives, Frœschwiller après Wissembourg.

Immédiatement le chroniqueur parisien écrivit à M. de Villemessant une lettre dont voici à peu près la substance :

« Mon cher ami, de graves événements se préparent, une grande douleur pour moi.

Malheureusement, forcé de me taire en une si pénible circonstance, je ne puis dire ce que je pense. Mais je ne saurais oublier que tout ce que j'ai, tout ce que je possède me vient de la France. Par la présente lettre, je vous autorise donc à installer chez moi, dans mon appartement, un officier français blessé, qui devra se considérer comme étant chez lui, car tout ce qui s'y trouve, tout ce qui l'entourera me vient de sa patrie. Je prie également mon ami, le savant docteur Boureau, de lui donner ses soins. Je ne vous dis pas au revoir, mais pas encore adieu. »

Les événements se précipitèrent. Après la prise de Sedan, voyant tout espoir de paix perdu, Albert Wolff quitta Berne, gagna Vienne par le lac de Constance et la Bavière et y arriva en septembre, au moment où les Prussiens commençaient l'investissement de Paris.

Déjà une première fois, en 1869, Albert Wolff, se rendant à Constantinople, avait passé par Vienne, où l'accueil le plus sympathique lui avait été fait par l'ambassadeur, M. le duc de Gramont et par tous les jeunes attachés d'ambassade : il en avait conservé le meilleur et le plus reconnaissant souvenir.

Mais à cette lugubre époque, en septembre 1870, il n'osa pas se représenter à ses amis d'autrefois, craignant que sa vue ne leur fût pénible et qu'un malentendu ne l'exposât à quelque scène douloureuse.

Il allait donc par la ville, fuyant les Français, presque honteux, lorsqu'il se rencontra inopinément avec M. de Bourgoing, premier secrétaire de l'ambassade de France. Celui-ci vint aussitôt au journaliste et lui demanda pourquoi, puisqu'il se trouvait à Vienne, il ne venait pas, comme l'année précédente, rendre visite à ses amis de l'ambassade.

Le chroniqueur, très ému, répondit que, dans les circonstances actuelles, craignant une réception pénible, il n'avait pas osé.

« Venez donc, répliqua gracieusement M. de Bourgoing, vous êtes un ami pour nous et nos sentiments à votre égard ne sont changés en rien. »

Le rédacteur du *Figaro* se rendit alors à l'ambassade, où il fut accueilli à bras ouverts et où il put désormais venir chaque jour se renseigner sur la marche de la guerre.

Ce fut à l'occasion du siège de Paris que, M. de Bourgoing lui ayant demandé ce qu'il pensait de la résistance de la ville :

« Je pense que Paris étonnera le monde ! »
répondit Wolff, qui n'avançait là qu'une chose
dont il avait l'intime conviction. En effet, il
connaissait mieux les Parisiens que ceux-ci ne
peuvent se connaître eux-mêmes, ayant été
forcé de les étudier longuement, de les observer
en toute occasion, à tout moment, pour arriver
à devenir lui-même Parisien.

Une autre fois, assurant que Paris ne se rendrait qu'à la dernière extrémité, qu'après avoir
usé ses dernières ressources, il soutint la même
opinion dans un groupe de publicistes viennois
et de financiers, parmi lesquels se trouvait
M. Bontoux, alors directeur des Chemins de
fer du Sud de l'Autriche.

Un jour la nouvelle fut transmise à l'ambassade que M. Thiers, qui courait l'Europe, en
quête d'une alliance pour la France, allait
arriver à Vienne, où il venait faire une suprême
tentative auprès de l'Autriche.

Albert Wolff tint à honneur d'accompagner
le personnel de l'ambassade à la gare, pour
assister à l'arrivée de cet héroïque vieillard de
soixante-treize ans.

On se dirigea à travers la ville par la plus
affreuse tempête de pluie et un froid glacial.

et on attendait depuis longtemps, au milieu de la nuit noire, lorsqu'à dix heures et demie du soir on signala le fameux train. Il arriva, ruisselant d'eau, sous les rafales incessantes que ne pouvaient dominer les sourds grondements de la machine haletante.

Soudain, d'un wagon descendit un petit homme enveloppé jusqu'aux yeux de sa pelisse. Toutes les têtes se découvrirent pour rendre hommage à ce grand patriote.

M. Thiers, s'avançant rapidement, serra la main de l'ambassadeur, et ils restèrent ainsi durant quelques instants, immobilisés par la douleur, suffoqués par l'émotion. — Pas un mot ne fut échangé, mais des larmes étaient dans tous les yeux, le deuil dans tous les cœurs.

C'est un tableau que le journaliste devait toujours garder palpitant et douloureux devant les yeux. — Comme on sait, toutes les négociations échouèrent, et la France fut abandonnée à son lamentable sort.

La capitulation de Paris survint : l'armistice fut signé.

De Bruxelles où il était arrivé, après avoir quitté l'Autriche, Albert Wolff, dans un mouve-

ment de patriotique et profonde affliction,
adressa à M. Thiers une lettre par laquelle il
demandait l'honneur d'être inscrit parmi les
vaincus.

Nous laissons à l'appréciation de tous les
vrais Français, à celle de tous les gens de
cœur la conduite du chroniqueur parisien en
cette circonstance.

En même temps, il se mettait à écrire un
livre intitulé *Deux Empereurs* (*1870-1871*),
dans lequel il essayait de rechercher les causes
qui avaient amené la catastrophe à laquelle on
venait d'assister.

Certes, nous ne connaissons pas de déclaration plus franche que l'exposé de sa situation
au moment de la guerre, fait par l'auteur dans
la préface de ce volume. — Il a su conserver,
en racontant cette terrible guerre une pon-
dération et une mesure qui sont les irrécusa-
bles garants de son honnêteté, et la lecture de
cette préface n'est pas inutile pour bien pénétrer le caractère de celui dont il s'agit.

Si une tâche était difficile et hérissée de
dangers pour l'écrivain, c'était bien celle de
raconter et de juger l'effroyable collision de
1870-1871, étant donnée l'exigence des liens

qui l'attachaient à chacun des deux pays ennemis.

Il s'en est tiré, non pas avec la souplesse d'un escamoteur faisant disparaître les écueils, non pas avec des mots ou des phrases, mais avec une sagacité, une conscience et un tact qui prouvent combien quelques-unes des qualités du caractère français avaient pénétré en lui. — Il attaque de front son sujet, sans aucune tergiversation, sans faux fuyants, avec l'intention d'expliquer autant qu'il le pourra le pourquoi des choses, le fort et le faible de chacun, ne montrant aucune aigreur, nul parti-pris. Il parle des hommes sans violence, en une langue suffisamment claire et courante, qui ne laisse pas place aux sous-entendus.

Son tableau de Paris en 1867, avec les souverains reçus par Napoléon III est bien vivant et donne immédiatement à chacun la place qui lui convient, les mots et les idées qui lui appartiennent. — Dès qu'on a lu ce premier chapitre, on sait à quoi s'en tenir sur les secrets désirs, les haines cachées et les sourds projets de ces différentes têtes couronnées : les lèvres jointes pour le baiser de paix cachent les dents qui vont mordre.

Expliquant bien, avec une connaissance approfondie du caractère allemand, les idées qui germaient et bouillonnaient dans le cerveau de chacun, il nous montre comment, après une résistance acharnée à l'unification allemande, les Allemands des divers petits pays ont fini par se rendre à cette idée d'unité, lorsqu'ils y ont trouvé leur avantage dans le calme, la certitude de la tranquillité, puis la force et la gloire. — Ainsi ils n'auraient plus à redouter les constantes menaces d'un voisin-guerrier et gênant, d'un conquérant. — C'est ce que n'ont pas compris, avant la guerre, ni même pendant sa durée, les Français qui ont espéré voir se désagréger l'armée allemande lors de l'invasion.

Son portrait de Bismarck, sobre et puissant, nous montre bien comment il est arrivé, à force de volonté et de patience, à agrandir la Prusse, malgré elle. — Du reste, l'idée unitaire qu'apportait là le grand chancelier se transmettait en Allemagne de père en fils depuis des siècles. — Il n'avait fait qu'amener à la réalité, en créant la patrie allemande, la tradition légendaire laissée par le grand empereur d'Allemagne, Barberousse.

La valeur du livre *Deux Empereurs* tient surtout à la grande sincérité et au sentiment de juste équilibre dans lequel il a été conçu et écrit.

Il renferme aussi une glorification de Paris, qui est comme le débordement d'un cœur plein de cette unique pensée, et un parallèle curieux entre le caractère allemand et le caractère français : ce parallèle établit l'opposition des deux races, l'une frondeuse, l'autre soumise, si bien que lorsque la base de la force allemande est la conscience du devoir, ce qui passe avant tout pour les Français, c'est la revendication des droits.

Ce livre se vendit bien, et, d'abord édité en Belgique, fut réédité par Michel Lévy, à Paris.

La Commune venait d'expirer ; Albert Wolff, cloué malgré lui à Bruxelles, voyait chaque jour les Français quitter la ville pour rentrer en France et n'osait encore faire comme eux.

Les uns après les autres, peu à peu tous ses amis l'avaient quitté, lui crevant le cœur de leurs adieux. — Enfin le dernier, Siraudin, vint lui annoncer son départ. Ce fut un coup terrible, il sembla au malheureux journaliste que la solitude allait revenir l'envelopper, plus morne, plus pénible. — S'efforçant de ne pas céder à son émotion et de dominer cette faiblesse, il accompagna Siraudin à la gare pour rester quelques instants de plus avec ce dernier Français ami ; mais, au moment où celui-ci lui serrait une dernière fois la main, le chroniqueur, suffoqué par la douleur, ne put maîtriser ses larmes et ils se séparèrent en pleurant, comme s'ils ne devaient jamais se revoir. — Il semblait à Wolff que tout était fini.

A peine arrivé à Paris, Siraudin, encore sous l'impression de cette explosion de désespoir, courut trouver de Villemessant, qui avait déjà réorganisé son journal et lui dit :

« Il faut faire revenir Wolff, ou il mourra de chagrin. »

Le directeur du *Figaro* s'empressa d'écrire à son ancien collaborateur qu'il l'attendait.

Le journaliste, alors dénué d'argent, porta sa montre au Mont-de-Piété pour avoir de quoi payer son voyage et prit le premier train en partance pour Paris. — Au premier appel, sans vouloir réfléchir à ce qui pouvait lui arriver là-bas, aux calomnies répandues sur lui, aux haines dont il serait l'objet, il était parti.

A son entrée au journal, on lui fit un accueil très froid.

Alors de Villemessant dit :

« Messieurs, je suis aussi bon Français que qui que ce soit, mais la place de M. Albert Wolff est parmi nous. »

Ces chaudes paroles produisirent leur effet et l'ancien chroniqueur fut accueilli comme il le méritait.

XIX

Cette rentrée dans Paris, rentrée presque furtive, avait été particulièrement lugubre.

La guerre civile se terminait à peine, la Commune venait seulement d'expirer ; il n'y avait pas encore de voitures dans les rues, à peine débarrassées de leurs barricades encore fumantes de la bataille et de l'incendie. Albert Wolff attendit chez lui que la nuit fût arrivée pour sortir et aller dîner chez Brébant.

Une angoisse affreuse le serrait à la gorge, car il ne pouvait encore savoir l'accueil qui lui serait fait dans ce restaurant où, pendant des années, il avait tranquillement pris ses repas au milieu de ses amis. Peut-être allait-on le jeter dehors, l'insulter : c'était une alternative épouvantable , une souffrance d'une acuité extrême et telle qu'il n'en avait jamais éprouvé de semblable.

Honteusement, presque se cachant, il arriva, rasant les murs, et, n'osant aller dans la salle commune, demanda un cabinet particulier. On le servit.

En bas, sur le boulevard, la troupe campait encore, comme un dernier vestige des sinistres mois que Paris venait de subir de septembre 1870 à juin 1871. Les passants étaient rares, l'animation ne renaissait pas encore ; ce n'était plus la joyeuse ville quittée l'année précédente par le chroniqueur : il ne reconnaissait plus son Paris si tendrement aimé, si regretté et si désiré.

Il était là dînant solitaire, en cachette dans son cabinet, sentant plus amèrement la désolation de la situation imméritée que les événements lui avaient faite, lorsqu'on frappa à la porte. Le garçon venait l'informer qu'un passant qu'il ne connaissait pas, ayant appris que M. Albert Wolff était de retour et dînait là, demandait à le voir.

Après un premier moment d'émoi, il répondit de faire entrer ce visiteur inconnu.

La porte s'ouvrit, et, les bras tendus, les yeux humides, le nouveau venu s'avança vers Wolff.

« Gondinet ! »

Ce premier ami, celui qui, avant tous les autres embrassa cordialement le chroniqueur revenu, c'était en effet l'auteur dramatique Edmond Gondinet, celui-là même qui avait eu une conduite superbe à Buzenval, dans la suprême défense de Paris contre l'envahisseur prussien.

« Gondinet ! » répéta le journaliste, ne pouvant en croire ses yeux et profondément ému de cette fraternelle accolade d'un Français aussi sincère patriote.

« Oui, c'est moi. Je viens d'apprendre que vous diniez là tout seul et j'ai tenu à monter pour vous embrasser et pour vous dire que vous, vous êtes des nôtres, vous êtes un ami. »

Tout le monde ne le repousserait donc pas ? Son cœur se dégonflait d'un poids écrasant.

Le lendemain, errant par les rues, avec la crainte de trop se montrer, baissant tristement les yeux au milieu de cette ville désolée, il passait devant la Comédie-Française, quand il croisa une voiture, dans laquelle se tenait, la jambe étendue sur la banquette qui lui faisait face, un homme qu'il reconnut.

Déjà il détournait la tête, ne sachant s'il pouvait se permettre de saluer, essayant de passer inaperçu, et son cœur battait à se briser. Sur l'ordre de celui qui l'occupait, le fiacre s'arrêta, et, tout en boîtant, cet homme vint à lui la main tendue.

C'était l'héroïque défenseur de Saint-Quentin, le préfet Anatole de La Forge, encore mal remis de la blessure qu'il avait reçue au siège de la ville.

« Vous ! » s'écria le journaliste, agité par une profonde émotion.

— Oui, moi. Les Prussiens m'ont flanqué une balle dans la jambe, mais je tiens à vous serrer la main, parce que vous, vous êtes notre ami ! »

Ce fut un nouveau calmant posé sur les blessures encore saignantes du chroniqueur, et il sentit qu'il respirait mieux. Décidément tous ne le renieraient pas.

Le troisième ami qu'il rencontra fut le vicomte Berthier qui, au plateau d'Avron, avait eu tout un côté de la figure déchiré par un éclat d'obus. Il passait sur le boulevard, quand il aperçut le chroniqueur du *Figaro*. S'arrêtant aussitôt, il mit pied à terre, courut à

Wolff et lui serra affectueusement les mains :

« Mon ami, que je suis heureux de vous rencontrer. Vous voyez ma figure toute déchiquetée, c'est un souvenir des Prussiens; mais vous, ça ne vous regarde pas, vous êtes un ami. »

De telles preuves d'affection, données publiquement à l'écrivain par trois hommes qui s'étaient courageusement battus, devaient lui rendre bon espoir et le fortifier dans la pensée qu'on ne l'envelopperait pas dans la haine commune vouée à ses compatriotes.

Nécessairement, il s'était fait autrefois tant d'ennemis par la franchise de ses articles, par ses coups de boutoir, qu'il était très attaqué sur le boulevard, et que beaucoup n'étaient pas fâchés de cette occasion de prendre leur revanche. Au moins il lui restait la consolation de penser que tous les hommes d'un jugement sain et indépendant, ou tous ceux qui le connaissaient vraiment, lui avaient conservé leur estime. Au premier rang parmi eux, Henri Meilhac, qui, le revoyant pour la première fois en plein boulevard, le salua de cette fraternelle et joyeuse parole :

« Bonjour, Français ! »

Mais, s'il avait ainsi retrouvé quelques bons et fidèles amis, quelques courageux défenseurs, le plus souvent il avait à lutter contre d'incessantes insultes, toutes plus basses, plus perfides, plus lâches les unes que les autres.

Deux aventures, particulièrement odieuses, achevèrent de lui montrer qu'il ne pouvait se faire accepter encore de cette population exaspérée de sa défaite et de ses immenses malheurs. Lui, qui avait laissé sa montre au Mont-de-Piété de Bruxelles, pour revenir plus vite à Paris, et qui était arrivé ainsi sans un sou, on lui réclamait les pendules enlevées par les Prussiens, on l'agonisait d'odieuses injures. Il ne se passait pas de jour que, sur le boulevard, s'il avait le malheur d'être reconnu, on ne le souffletât de quelque mot atroce et immérité.

Un jour, il se trouvait devant Brébant avec quelques amis. Un individu en bourgeois, dont la tournure faisait deviner l'ancien militaire, vint se camper juste en face de lui, en roulant des yeux féroces.

« Vous êtes Monsieur Albert Wolff? demanda-t-il.

— Parfaitement, » fit le journaliste, pâlissant

de douleur à l'insultante intonation de la question.

— Eh bien! Monsieur, c'est une honte que vous soyez à Paris!

— Monsieur! s'écria le malheureux, se redressant sous cet infâme outrage.

— A Bapaume, où j'étais capitaine, j'ai entendu siffler à mes oreilles les balles des Prussiens; votre place est à Berlin, chez vos compatriotes! »

Livide de désespoir, des larmes de rage dans les yeux, Wolff répétait à ce furieux :

« Vous savez bien que je ne peux pas vous répondre! »

Un des rédacteurs du *Figaro*, qui se trouvait là, M. de Saint-Albin, indigné de voir que personne n'osait venir en aide à son infortuné confrère, se leva et alla se placer en face de l'ancien capitaine.

« Laissez M. Wolff, lui cria-t-il, et donnez-moi votre carte, vous aurez de nos nouvelles.»

L'autre, tout triomphant, s'empressa de courir au *Paris-Journal* pour raconter qu'il venait de châtier publiquement M. Albert Wolff, du *Figaro*, et de ne lui laisser d'autre ressource que de retourner en Prusse. Il insistait pour que le récit de cette patriotique exécution fût inséré tout au long dans les colonnes du journal.

Le principal rédacteur du *Paris-Journal* de cette époque, M. Schnerb, le même qui est aujourd'hui directeur de la Sûreté générale, n'était certes pas des amis de M. Wolff; mais il répondit vertement à l'ancien militaire :

« Monsieur, mon journal ne racontera pas cela. Vous avez eu la main malheureuse en vous attaquant à M. Albert Wolff, dont la conduite a été des plus honorables pendant la dernière guerre. Ce qui vous reste de mieux à faire, c'est d'aller vous excuser auprès de lui de votre conduite. »

L'ancien capitaine de Bapaume, tout confus de ce qu'il apprenait, adressa à Albert Wolff une lettre d'excuses, dans laquelle il exprimait tous ses regrets de l'insulte imméritée qu'il lui avait faite dans un moment d'aveugle emportement, alors qu'il ignorait les patriotiques agissements du journaliste et sa tenue vis-à-vis de la France.

Une autre fois il passait devant le café de Suède, lorsque, de l'une des tables du fond, s'élève un brouhaha confus, dominé par un coup de sifflet à l'adresse du promeneur.

Écartant les chaises qui le gênaient, le chroniqueur marcha droit à celui qui venait de lui adresser cette provocation et lui jeta à la figure :

« Je suis comme les chiens, moi, Monsieur, quand on me siffle, je viens. »

Et comme l'autre se taisait, essayant de ricaner, il reprit :

« Vous êtes un misérable ; vous m'insultez, parce que vous savez que que je ne pourrais vous en demander raison en ce moment. »

L'insulteur riposta :

« Je ne me bats pas avec un Prussien.

— Vous jouez de malheur, Monsieur, répliqua froidement le journaliste faisant allusion à la lettre qu'il avait adressée à M. Thiers. Depuis cinq minutes je suis naturalisé Français ! »

Laissant son adversaire abasourdi, il s'éloigna, tout tremblant de cette cruelle scène.

En définitive, il ne pouvait rester ainsi exposé tous les jours à de pareilles sauvageries, il fallait en terminer d'une manière ou d'une autre.

Quelques jours après, il rencontra M. Bontoux, avec lequel il s'était passagèrement lié, lors de son dernier séjour à Vienne.

« Comment allez-vous ? lui demanda celui-ci.

— Moi! Je suis désespéré, ma vie est perdue! s'écria Wolff, qui mit son interlocuteur au courant des avanies et des outrages dont on l'écrasait chaque jour.

— Je vois ce que c'est, répliqua M. Bontoux. Il faut que vous laissiez passer ce premier débordement de colère, et que Paris ait le temps de se remettre un peu de ses désastres. Pour cela, il n'y a rien de tel que de voyager; dans trois ou quatre mois les esprits seront bien apaisés et vos affreuses blessures presque cicatrisées. Hein! »

Et, comme il prévoyait la réponse que pouvait lui faire le chroniqueur, il se hâta d'ajouter qu'en faisant un voyage dans le Tyrol et la Carinthie, et en publiant la relation de cette excursion, Albert Wolff rendrait un grand service à la Compagnie dont lui, M. Bontoux, était directeur. Il lui remit d'avance dix mille francs pour prix de ce volume. Tout se passa ainsi qu'il avait été convenu et le livre parut en 1872 chez Michel Lévy, sous ce titre : *Le Tyrol et la Carinthie.*

M. Bontoux, dans ces derniers temps, a pu se convaincre qu'un bienfait n'est jamais perdu et que tous ses amis ne le laissaient pas en-

glouti sous son récent désastre. Ceux qui auraient pu s'étonner de voir Albert Wolff consacrer un article si chaleureux à la défense du
financier malheureux, comme il l'a fait en décembre 1882, en auront maintenant l'explication
bien naturelle, quand ils sauront qu'en 1871
M. Bontoux avait littéralement sauvé la vie au
journaliste, dans un moment où le désespoir
l'emportait sur toutes les autres considérations.

Il se mit donc en route, un peu réconforté
par les bonnes paroles de M. Bontoux, et se
reprit à espérer de nouveau. Mais, au début
même de ce voyage, dès les premiers pas, il
devait souffrir encore un fois et tout aussi dou-
loureusement qu'à Paris.

Il arrivait à la gare de Trente, dans le Tyrol,
tout joyeux de ne plus rencontrer de visages
hostiles, lorsqu'il se croisa avec un voyageur,
qu'il reconnut pour lui avoir été présenté autrefois à Francfort ; c'était l'aide de camp général
de l'Empereur Guillaume de Prusse.

Albert Wolff s'apprêtait à le saluer ; l'officier
détourna la tête avec affectation.

Bondissant sous l'insulte, le journaliste alla
résolument à celui qui feignait de ne pas le voir
et, l'arrêtant :

« Pardon, général, vous ne me remettez pas ? Je suis M. Albert Wolff.

— Parfaitement ! fit le général. Mais on m'a dit que, pendant que nous étions en train de faire le siège de Paris, vous y rédigiez un journal où l'on nous accusait d'être des voleurs et des assassins.

— Si cela était, général, je vous le dirais ; mais c'est faux ! Et tirant de son portefeuille son passeport : Voyez plutôt ces indications !

Parti de Paris pour Berne le 19 juillet 1870.
Rentré à Paris le 5 juin 1871.

— Alors, que signifie ?

— Cela signifie que, comme pourraient en témoigner les ambassadeurs de Berne, de Vienne et de Bruxelles, j'ai passé tout ce temps hors de France, et que j'ai considéré ce temps passé loin de Paris, comme un exil de la patrie. Certes, je n'entreprendrai jamais rien contre l'Allemagne, mais je me considère comme Français, je suis publiciste français.

— Monsieur, répondit le général, tout ce que vous me dites là n'est que très honorable.

— Général, en aucune circonstance je ne saurais oublier que c'est à la France que je dois tout ce que je suis.

— Je ne puis que vous féliciter de pareils sentiments, monsieur. »

En se séparant du chroniqueur, le général lui dit : « Soyez assuré que je me ferai un devoir de répéter partout ce que vous venez de me dire. Je vous salue, monsieur. »

En effet, les journaux allemands, après la courageuse lettre adressée par le chroniqueur du *Figaro* à M. Thiers, au lendemain de la capitulation, imprimaient alors que c'était tant mieux pour l'Allemagne, qui avait ainsi une canaille de moins et la France une canaille de plus. A la cour de Prusse, la conduite du journaliste était également jugée fort sévèrement.

Là se terminèrent les déboires du chroniqueur qui, à partir de ce moment, n'eut plus à supporter de nouvelles insultes et continua, le cœur un peu remis, son voyage à travers le beau pays qu'il allait explorer avant de retourner en France.

Ajoutons ici un mot.

Il est bien certain qu'il n'y a pas de plus grande douleur pour le chroniqueur parisien que lorsque quelque polémique entraîne ses adversaires à lui lancer à la tête des injures dont le dernier mot est *Prussien*.

En effet, Albert Wolff est né en Prusse, mais il ne peut cependant pas continuellement faire étalage de ses sentiments de profonde affection pour la France, sentiments que ne contesteront jamais tous ceux qui le connaissent et l'estiment. Aussi a-t-il résolu de ne plus relever cette appellation que l'on essaie de transformer en arme blessante.

Quand on le met sur ce pénible chapitre, le journaliste ne répond qu'une chose :

« La France est ma véritable patrie. Tous ne le croient peut-être pas maintenant, mais, après ma mort, nul n'en doutera. On ne niera plus mon affection ni ma reconnaissance pour la France, quand on verra, que, conformément à mes dernières dispositions, je serai enterré à Paris, naturalisé définitivement dans la terre française. »

XX

Vers la fin d'octobre 1871, Albert Wolff put rentrer à Paris avec l'espoir de s'y refaire la place qu'il occupait autrefois, celle qu'il avait mis treize ans à se créer, à force de travail, de luttes opiniâtres contre la misère et l'obscurité. Il lui fallait la retrouver, après l'une des plus terribles catastrophes qu'il fût possible d'imaginer, après des souffrances morales et physiques, peut-être exceptionnelles à cause de l'étrangeté de sa situation, et dont une nature moins énergique, moins têtue que la sienne, n'eût pu se remettre.

Plus ou moins satisfaites, gorgées de sang et de vengeance, les haines commençaient à perdre de leur vivacité première ; les peurs se calmaient ; tout cet affolement de Paris affamé, bombardé, terrorisé et incendié diminuait ; les esprits reprenaient peu à peu leur équilibre après une si longue tempête. La raison avait enfin son tour.

Le 27 octobre, Albert Wolff adressa à de Villemessant une longue lettre qui lui servit d'article de rentrée au journal et parut sous ce titre *Confession d'un vieux Parisien*.

Avec une simplicité émue, d'une dignité fort sobre et fort convenable, l'exilé expose son cas lamentable, raconte en quelques lignes ce qu'il a fait et soumet aux lecteurs l'affreuse situation à laquelle l'ont réduit les événements.

Après un long voyage il revient avec le désir de ne plus parler du passé, d'oublier les cruautés qu'on a eues pour lui, de ne pas récriminer. Dans un volume qui a paru à Bruxelles et qu'il réédite à Paris, dans ses *Deux Empereurs*, il a dit tout ce qu'il avait à dire et il est équitable de constater la modération avec laquelle il a abordé un pareil sujet. Depuis, il a un peu couru le monde, il a vu Turin, Milan, Venise, le Tyrol, la Carinthie et la Styrie, mais toujours il pensait à Paris, toujours il aspirait à la dernière étape, celle qui le ramènerait dans cette

ville, où il avait vu grandir ses forces, se développer ses espérances, et où, avant la guerre,
il était sur le point de devenir tout à fait
quelqu'un.

En outre, une sourde démangeaison d'écrire,
de se lancer de nouveau dans cette vie ardente
et enivrante du journalisme le mordait secrètement, avivant ses blessures et aggravant
ses peines. Depuis le 15 juillet 1870, il n'avait
pas écrit un seul article, bien qu'on se fût
obstiné de part et d'autre, en France et en
Allemagne, à le dénoncer comme étant l'auteur
d'articles qui lui étaient totalement inconnus.
La vérité était, qu'en dehors de son livre
Deux Empereurs, il n'avait pas écrit une ligne
et surtout que pas un journal n'avait eu de lui
un seul article.

Cette fois, malgré les dégoûts dont il ne
peut encore se défendre après toutes les calomnies, toutes les injures dont on l'a abreuvé,
il cède à son amitié pour le directeur du *Figaro*,
à sa passion pour son art, et il rentre, la tête
haute, dans le pays qui l'a si bien accueilli
autrefois et dont il n'a pas démérité.

On lui avait conseillé de rentrer sous un
pseudonyme, il s'y refusa, n'ayant pas à rougir

de son nom, n'ayant pas l'intention d'écrire une
ligne qu'il ne signerait. Son article se terminait
par ces mots :

« Quand on a ouvert pendant tant d'années
les deux battants de la porte à un invité, il ne
se résigne pas à rentrer par l'escalier de service. »

Cette vigoureuse réponse à toutes les basses
attaques éloignait d'avance, par sa crânerie
et sa simplicité, celles qui eussent pu se produire en le voyant reparaître dans le journalisme. Personne ne trouva à redire à son
attitude. Désormais il pouvait reprendre sa
vie passée et tenter d'oublier dans le travail
les vicissitudes récentes.

Voici Albert Wolff de retour à Paris! Il a débuté en 1859. Quinze ans après il lui faudra recommencer sa vie, reconquérir pas à pas le
terrain perdu. Seulement cette fois, c'est plus
difficile; il n'est plus le jeune allemand inconnu
de 1857, il a contre lui son origine, la désaffec-
tion du lecteur, la méfiance de la foule.

De plus, on est tout entier à la politique, on
se trouve encore sous le coup des luttes fratri-
cides dans Paris. *Le Figaro* étant devenu un
journal de combat contre la République et les

républicains, M. de Villemessant rêve le retour de son roi ; Saint-Genest surgit comme prophète, paraphrasant Jérémie, et lance de bouillants articles réactionnaires, dont le prototype restera l'appel à la bourgeoisie, intitulé : « *Vous serez mangés !* »

Le succès va à ces violences politiques auxquelles Albert Wolff ne doit pas et ne veut pas se mêler. Il recule donc au second plan, peut-être au troisième, et son ami Paul de Cassagnac lui dira avec une mélancolique compassion :

« Mon pauvre Wolff, vous êtes le survivant d'un monde écroulé. »

Le mot était vrai et le chroniqueur le sentait mieux que personne, car s'il est souvent un critique terrible pour les autres, ses amis savent qu'il se montre surtout justicier implacable de son propre talent. Le terrain lui manquait sous les pieds, la faveur du lecteur n'allait plus à lui. De premier ténor descendu au rang d'une simple doublure ; froissements d'amour-propre, froissements d'intérêts, un avenir troublé ! Tel est le résultat de tant d'années de travail !

C'est cependant de cette époque que datent les constants progrès du chroniqueur : de cette atroce situation va naître sa maturité ; tant il est vrai que les obstacles sont un aiguillon pour l'esprit. L'adversité lui aura servi de point d'appui pour s'élever plus haut.

L'expérience ne cesse du reste de le prouver. Jamais Rochefort par exemple n'a eu plus d'esprit que lorsqu'il écrivit dans le *Figaro* littéraire des articles pleins de politique, parce qu'il lui fallait éviter les écueils et mesurer sa pensée. De même Albert Wolff, n'ayant plus le droit de dire tout ce qui lui passe par la tête, contraint à louvoyer constamment, aura à faire des efforts d'autant plus grands que le succès menace de lui échapper.

Il se dit que l'heure des fariboles de petit journaliste est passée, et qu'il serait réellement un revenant de l'autre monde, s'il voulait persister dans son ancienne manière. Il lui faut prendre un parti et il le prend : les arts d'un côté, les questions sociales de l'autre, alimentent sa plume et aiguisent son esprit. Il s'empare des grands crimes, des procès célèbres, des questions d'adultère, des suicides à tapage ; il va au fond des choses, recherche les causes et peint ainsi en quelques lignes notre civilisation avec ses erreurs, ses abjections et ses préjugés.

Il est vrai que les événements le servent admirablement. Il achèvera de reconquérir son droit de citoyen, si chèrement acheté, et que M. Thiers, par un décret du 7 mai 1872, portant aussi la signature de M. Dufaure, va confirmer, en autorisant M. Albert Wolff, journaliste, à établir son domicile en France et à y jouir de tous les droits civiques.

Après avoir tâtonné longtemps, il trouve enfin dans l'affaire Du Bourg un admirable tremplin.

On se souvient de cette cause célèbre. Du Bourg surprend sa femme en flagrant délit avec son amant; pour se faire ouvrir la porte, il crie :

« *Denise, je viens de recevoir une dépêche, votre enfant est malade!* » L'épouse coupable ouvre: la mère s'est réveillée en elle! Tandis que lâchement l'amant fuit par la gouttière, Mme Du Bourg tombe percée par la canne à épée de son mari.

Tout Paris eut un frisson de pitié pour cette malheureuse.

Albert Wolff flaira aussitôt un sauvage sous ce mari soi-disant vengeur de son honneur; le lendemain parut un article qui fut une révélation.

XXI

Cette chronique, publiée le 29 avril 1872, fit
sensation et produisit une profonde impression
sur les lecteurs du *Figaro*. Certes, le sujet y
prêtait, l'émotion était générale, le terrain
admirablement préparé ; mais, du coup, Albert
Wolff se posait en maître dans la manière à la
fois humoristique, anecdotière, parisienne et
passionnée de traiter les questions les plus
palpitantes de la société.

Aucun de ceux qui ont lu son article sur l'affaire de la rue des Écoles n'a pu en oublier
l'ordonnance méthodique ni la savante progression.

D'abord il s'occupe généralement de la situation faite en France à la femme adultère par

la loi; puis il signale comment l'opinion publique se soulève parfois et avec raison contre la loi, dans certains cas imprévus, inattendus, ainsi que celui dont il s'agit ici. Son développement suivant rappelle de quelle manière les auteurs dramatiques ont compris le meurtre de la femme adultère par son mari ; il cite Augier, Dumas fils, Shakspeare, allant du *Mariage d'Olympe* à *Othello*. Ensuite il étudiera en quelques lignes la question du mari, remettra sous les yeux du public la victime avec toute la sympathie qu'elle éveille et terminera, en montrant le futur supplice du mari, ce juge impitoyable, qui peut trouver un jour un juge terrible dans son fils, ce fils, du souvenir duquel il s'est servi pour tuer la mère.

L'article entier est un chef-d'œuvre de logique, d'ingéniosité émue et de bon sens. Il devait du reste le compléter le 16 juin, à l'époque où l'affaire allait avoir son dénouement devant les tribunaux, par un second, qui ne le cède en rien au premier comme entrainement et puissance convaincante.

Dans celui-ci, il pénètre l'affaire plus à fond, creuse la question. Son premier paragraphe, c'est la condamnation de ces mariages de convenance où l'on passe rapidement de l'indifférence à la haine ; après, nous voici en présence des quatre personnages du drame, le mari, la femme, l'amie de la femme et l'amant. L'amie, cette créature qui partage, de par la volonté du mari, le lit des deux époux, *le lit à trois*, apprend le secret de la femme et la trahit : la loi ne peut rien contre elle, rien contre cette trahison. Quant au moyen employé par le mari pour se faire ouvrir la porte, cet appel à la mère, il n'y a pas au théâtre de scène plus tragique ni plus horrible. Aussi, dans son résumé, applaudit-il à la condamnation du mari qui n'a pas craint d'employer un aussi sauvage subterfuge pour tuer plus facilement sa femme, et déclare-t-il hautement que le verdict du jury soulage la conscience publique.

Mieux que tous les autres, ces deux articles nous donnent un complet aperçu de la caractéristique du chroniqueur et de sa manière toute spéciale d'arriver au cœur de chacun, de remuer les masses. Ils peuvent être considérés comme un modèle de son genre.

En effet, ce qu'il y a de particulier et, en même temps, de très remarquable dans les articles à grande portée d'Albert Wolff, dans ses chroniques à thèse, c'est leur façon d'arriver à persuader, à convaincre et à produire leur effet sur ceux qui les lisent.

On dirait qu'il cherche à s'adresser à chaque classe, à chaque tempérament, à chaque individu en particulier, et c'est une des causes de la répétition voulue que l'on rencontre dans les articles dont nous nous occupons, répétition qui double leur puissance.

Tour à tour, il parlera à l'homme grave et collet monté, au Parisien blagueur, au bourgeois claquemuré dans son esprit étroit et défiant, à l'artiste, au mondain, en employant avec chacun d'eux une formule différente et dont le côté persuasif ira s'adapter au caractère et au cerveau de celui avec lequel il converse, de celui qu'il vise. Voilà pourquoi son article présente successivement la même idée sous une forme nouvelle, soit austère, soit plaisante, soit raisonnée, soit pondérée. Mais, quels que soient les moyens dont il use, le résultat est le même, c'est toujours une étonnante vibration de vérité et de pure lumière. Il a ri avec le sceptique, discuté serré avec le grincheux, celui qui se tient sur la défensive, parlé au point de vue esthétique avec l'artiste, bara-

gouiné *high life* avec le mondain et écrasé le
bourgeois sous une avalanche de raisonne-
ments, percé sa coquille de colimaçon des
arguments les mieux vrillés et aiguisés.

Il tourne et retourne la chose avec une
habileté concise qui ne laisse pas le temps à
l'ennui et force l'intérêt. C'est là un art que nul
ne saurait nier, un art que lui seul possède à
ce degré et qui le fait maître en ce genre,
ayant la pénétration ensorcelante de l'avocat
sans en avoir la prolixité ni la diffusion. En
trois ou quatre cents lignes il épuise un sujet
d'actualité, de manière à tout expliquer et à
n'avoir plus besoin d'y revenir.

Le procédé est si visible chez lui, que
certains lui ont reproché comme un manque
de souffle, comme une impuissance cette même
répétition, trouvant bizarre de ne pas lui voir
dire à la dernière ligne une chose différente
de celle qu'il disait à la première. Ceux qui
parlent ainsi ont raison de faire cette remarque,
mais tort de lui objecter cela comme critique,
car c'est peut-être justement là le secret de son
influence énorme, multiple sur la masse des
lecteurs en général et sur chacun d'eux en
particulier.

Quand il traite un sujet, il ne le quitte qu'après l'avoir entièrement épuisé, désireux de faire pénétrer sa conviction dans l'esprit de ceux auxquels il s'adresse ; il présente son opinion d'abord d'une manière, puis d'une autre, d'une autre encore et ne s'arrête que lorsqu'il est à peu près sûr d'avoir employé tous les moyens de persuasion, de telle sorte que, si ses premiers paragraphes n'ont pas convaincu, ses derniers puissent remporter la victoire. C'est une variante de son procédé qui consiste à s'adresser à chaque tempérament.

Quant à nous, loin d'en faire un défaut du maître chroniqueur, si expert en son art, nous ne craignons pas de mettre au nombre de ses qualités cette extraordinaire habileté, tout le monde n'étant pas apte à représenter plusieurs fois la même idée sous une forme assez neuve pour arriver, à force d'adresse, d'éloquence et de persuasion, à la faire entrer dans les cerveaux.

Mûri par l'expérience, rendu plus sérieux par ses récentes souffrances, Albert Wolff, devenait cette fois un véritable remueur d'idées ; il allait enfin affirmer le talent que personne ne saurait aujourd'hui lui contester sérieusement dans son art subtil.

Il est vrai qu'il trouvait, pour l'aider dans son œuvre, une tribune colossale, que ni les jalousies ni les concurrences n'avaient pu abattre, une publicité sans pareille ; mais cela seul n'aurait pas suffi, et il n'eût jamais atteint le but si ses articles n'avaient pas été véritablement sentis, soufferts et vécus. Avec cela il a fait la conquête du puplic, qui s'est habitué à trouver toujours, à cette tribune connue et accoutumée, l'homme qui a su lui parler en une langue simple, compréhensible et le toucher au bon endroit : depuis, à chaque gros fait, à chaque événement nouveau, on le recherche pour avoir son avis.

Cette affaire Du Bourg, si magistralement peinte et remuée, achevait de le mettre en lumière. De ce jour il avait conquis son public ; de ce jour il pouvait aller de l'avant, sûr d'être écouté, sûr d'être suivi.

Désormais il intervient dans toutes les grandes crises sociales de la vie moderne ; tantôt il défend la femme, tantôt le mari, selon que l'excuse est d'un côté ou de l'autre.

Ainsi il est impitoyable pour Du Bourg et

nous avons vu que sa condamnation lui arrache un cri de férocité satisfaite. Wolff hait Du Bourg parce qu'il n'est pas un mari outragé, mais un mari méditant froidement l'assassinat de la femme coupable : et celle-ci, selon le chroniqueur a racheté sa faute en oubliant le danger la menaçant pour ne songer qu'à l'enfant qu'on lui disait malade.

Plus tard, dans une autre circonstance, lors du procès Husson de Sampigny, le mari qui tire des coups de revolver sur une épouse vicieuse, qui se livrait à ses domestiques, le journaliste absoudra le mari, appelant Mme de Sampigny *la Vénus aux larbins*.

Enfin une longue série d'articles de ce genre donnent à la chronique un tour nouveau, les péripéties du roman y entrant avec la recherche d'une solution des questions sociales sur lesquelles reposent tous ces gros événements parisiens.

Chose curieuse, ce journaliste, qui passe pour un homme insensible aux séductions de la femme, trouve des tendresses infinies quand il s'agit de la défendre ou de l'exalter.

Ainsi, à propos de l'émancipation des femmes dont on reparle dans les clubs, il a fait un article où il ramène la femme à son idéal, la montrant émancipée dès le berceau, jeune fille adulée, épouse qui donne le rayon de soleil du foyer, mère qui devient une sorte de divinité, aïeule qui plane, respectée et vénérée, sur la vie de famille. Après avoir tracé en quelques lignes la physiologie de la femme du xixe siècle, il finit sur ces mots attendris :

« Que peut-elle souhaiter de plus, puisque toute notre vie tourne autour de la femme ; pour elle est le premier bégaiement de l'enfant ; pour elle est la dernière pensée de l'homme. »

C'est là le secret de l'action réelle conquise par Albert Wolff sur son public.

Nous ne lui jetterons pas à la tête le pavé de l'ours en prétendant qu'il est un grand littérateur. Est-il seulement un littérateur ? Nous n'oserions pas l'affirmer, car une analyse de sa phrase la montrerait facilement insuffisante au point de vue de la rhétorique pure. Mais ce diable d'homme a une chaleur persuasive, un flair absolu de ce qu'il faut dire et des emballements si entraînants, qu'il devient un grand écrivain, non par la sûreté de la forme, mais par la justesse du mot et le trait final qui entre comme une vrille dans la cervelle du lecteur.

A côté de cela, il a des audaces souvent cruelles, bien faites pour surprendre le public. Sans se soucier de savoir si l'heure est propice, dédaigneux du qu'en dira-t-on, toujours fouetté jusqu'au sang par son indépendance, il va de l'avant.

Dans ces derniers temps, il a donné de la sorte la mesure de ce qu'il peut oser, en publiant un réquisitoire fulminant contre Gabrielle Fenayrou, après la première audience et lorsqu'il s'agissait pour l'accusée de sauver ou de perdre sa tête.

Une autre fois, lors des scandaleux procès de Bordeaux, où comparaissaient des vieillards accusés d'avoir abusé de la jeune fille de leur meilleur ami, il coupe l'herbe sous le pied aux avocats célèbres accourus de Paris, en faisant d'avance la plaidoirie qu'ils prononceront en faveur de leurs clients.

C'est ainsi que nous remarquons tour à tour chez Albert Wolff les accès de générosité du Français et l'implacable cruauté du Germain. Nul ne défend un artiste avec plus de passion que lui ; aucun de ses confrères ne l'attaque avec une plus complète férocité. Un jour, c'est une réelle bonté qui semble se dégager d'un article ; le lendemain c'est une méchanceté froidement calculée qui paraît avoir guidé sa plume.

On perdrait son temps à vouloir nettement définir ce caractère plein de mystères. Pour nous qui l'étudions à fond, nous estimons que c'est surtout l'homme du premier mouvement bon ou mauvais, une cervelle affolée par le désir de dire son mot sur les hommes et les choses.

Wolff n'est certainement pas le grand artiste correct, maître de son art, qu'on pourrait citer comme un exemple aux jeunes écrivains ; mais c'est un grand acteur, habile à mettre le feu à une salle, par un mouvement imprévu de la phrase, par un mot qu'il jette à ses lecteurs ainsi qu'un défi, et qu'on applaudit, quand, après mûre réflexion, on serait tenté de le siffler.

A cela il devra de ne pouvoir être ni imité, ni remplacé, en dépit de toutes ses incorrections et de tous ses défauts.

Dans tous les cas, c'est un être curieux, paraissant réaliser le type rêvé par Victor Hugo et personnifié dans Triboulet : bouffon un jour, à la cour de sa Majesté le Public, égayant ses lecteurs par des lazzis, des boutades de vaudevilliste ; grave et attendrissant le jour suivant, comme le fou de François Ier.

XXII

Ce n'est pas, du reste, la seule ressemblance que nous ayons relevée entre le chroniqueur du *Figaro* et le Triboulet du poète : elle existe au physique comme elle existe au moral.

Le moment nous semble venu de donner un portrait vrai du journaliste qui occupe tant le public, et de placer cette esquisse à l'époque de sa vie, où il s'est définitivement imposé comme un maître de la chronique, une puissance de la presse.

Si Albert Wolff n'est pas complètement bossu comme Triboulet, son dos voûté, sa tête rentrée dans les hautes épaules, lui donnent, cependant, un faux air de bossu. Il est très grand ; son torse, s'étant alourdi avec l'âge, semble jeté par hasard sur de longues jambes. Le visage imberbe tient du Chinois plutôt que de l'Allemand ; le teint est jaunâtre et les sourcils se dressent vers les oreilles, comme ceux de Méphistophélès. Les lèvres sont épaisses, la lèvre inférieure souvent pendante, les pommettes saillantes, le menton fuyant : seul, le front est régulier et bien coupé sous des cheveux plats, partagés par une raie.

Bastien Lepage l'a admirablement portraituré sur un petit panneau, qui fut un des succès du Salon de 1880.

Le peintre a montré le chroniqueur parisien chez lui devant son bureau en désordre, le pantalon rentré dans des bottes de chambre, l'éternelle cigarette fumante entre les doigts de la main droite.

Quand il fut question de ce portrait, Albert Wolff dit à Bastien Lepage, de qui nous tenons ces paroles :

« Surtout, ne me flattez pas ! Je sais que je suis d'une laideur au-dessus de la moyenne ; prouvez-moi du moins que vous ne me prenez pas pour un imbécile et faites-moi tel que je suis, sans une concession. »

Ainsi fit le peintre, et ces séances, qui ont

duré tout un long mois, sont peut-être sans précédent.

A tout moment, Albert Wolff quittait sa pose et venait contempler l'œuvre, en disant :

« Ce n'est pas cela, mon ami. Vous me faites un front de penseur que je n'ai pas ; la bouche n'est pas assez grande ; la lèvre inférieure n'est pas assez épaisse : faites-moi comme je suis ou je vous flanque un éreintement à grand orchestre. »

Jamais modèle n'avait parlé de la sorte à un peintre.

Bastien Lepage fit ce que lui demandait son ami ; mais, en même temps, il mit dans ce portrait, qui est un procès-verbal peu flatté de Wolff, ce qu'il y a d'attrayant en lui, le regard perçant d'une singulière intensité.

En effet, à première vue, on dit du chroniqueur :

« Sapristi ! Il n'est pas beau ! »

Puis, en rencontrant ce regard curieux, on ajoute tout bas, sans le connaître :

« Mais ce ne doit pas être un imbécile. »

Ce petit portrait demeure jusqu'à nouvel ordre le chef-d'œuvre du peintre. Il est intéressant de le comparer à un autre portrait

brossé par Carolus Duran, en une séance.
Celui-ci n'a vu en Wolff que le chroniqueur
batailleur ; il a mis dans son œuvre le côté spirituel et audacieux de son modèle. Bastien
Lepage, lui, a voulu le montrer devant sa table.
de travail, replié sur lui-même. La main gauche
est crispée et semble frapper à grands coups
sur la jambe ; les épaisses lèvres sont entr'ou-
vertes ; l'œil fixe avec obstination un point en
dehors du cadre.

« Voilà comme je vous vois : sombre, nerveux, ayant l'air d'affirmer quelque chose dans
l'expression et dans le geste », dit le peintre à
l'écrivain, après avoir terminé son portrait.

C'est bien cela. L'homme est là tout entier,
avec sa volonté, sa persuasion et son énergie à
imposer ce qui lui paraît vrai, au risque de se
tromper.

En effet, ce Parisien est un sincère, soute-
nant avec une entière bonne foi ce qui lui semble
équitable et poursuivant avec un acharnement
impitoyable ce qui lui semble faux. De là, ces
éternelles fluctuations dans ses jugements,
fluctuations que l'on ne saurait s'expliquer
quand on ne connaît pas Albert Wolff. Ainsi,
un jour, il exaltera Émile Zola, à propos de

l'*Assommoir*, avec une éloquence, une passion communicatives, et, une autre fois, il l'éreintera plus que de raison, à l'occasion de *Pot-Bouille*. Pour les artistes, la même chose : après s'être arrêté longuement devant *La Mort de Marceau* de Jean-Paul Laurens et avoir dit du peintre tout le bien qu'il pense, dans une autre circonstance, il empoignera le même artiste par les épaules pour le secouer comme un écolier.

Tout récemment, lui qui a si longtemps combattu pour le Salon libre des artistes libres, n'a-t-il pas employé la même véhémence, la même ardeur pour prouver que le Salon triennal de l'État est une nécessité? Dans les deux cas, il est absolument sincère, attaquant l'influence gouvernementale quand elle va trop loin, et invoquant son intervention lorsque le relâchement des arts la lui fait souhaiter.

Cette indépendance dans ses vues et ses jugements a créé à Albert Wolff une situation à part. Ses meilleurs amis ne sont pas sûrs de ne pas être attaqués par lui, et ses pires ennemis ne sont pas surpris de se voir tout à coup défendus par l'homme qui les a abîmés la veille.

Tout cela a achevé de placer le chroniqueur

parisien dans une sorte d'isolement particulier, l'empêchant d'avoir des attaches dans aucun camp, pour qu'il pût conserver le droit de dire sans ménagement ce qui est au bout de sa plume.

Il se peut que le sentiment de l'indépendance soit le fond de son être, car toute sa vie passée semblerait le prouver en maintes circonstances ; mais, d'autre part, nous ne croyons pas nous tromper en affirmant que l'orgueil entre pour beaucoup dans cette attitude. Il plaît au journaliste d'être suspendu comme un critique de Damoclès au-dessus de ses contemporains ; l'isolement lui donne une force dont sa vanité s'accommode.

Albert Wolff, au fond, n'aime pas qu'on lui parle de ses articles ; à un compliment il répond par un sourire et ces mots, dont nous ne saurions traduire le ton goguenard :

« Ah ! cela vous a plu ? »

En réalité, cet effacement n'est pas la modestie, mais un orgueil démesuré, un mépris de l'opinion des autres et une confiance absolus en son propre jugement. Ceux qui le connaissent beaucoup nous ont d'ailleurs confirmé dans cette opinion, et l'entêtement avec lequel il se tient éloigné du monde n'est probablement que le résultat d'un système, qui est de se faire désirer.

Toujours est-il que le chroniqueur parisien par excellence ne va dans le monde que tout juste pour ne pas perdre de vue les hommes et les choses. Peut-être aussi, sachant qu'il n'est pas beau, se tient-il sur la réserve ? Il disait à ce sujet à un de ses amis :

« Quand j'étais plus jeune, j'aurais voulu être beau garçon. A présent, je m'en moque, mais pas assez pour ne pas être un peu humilié quand, en entrant dans un salon, je vois des regards curieux s'attacher sur moi, des regards de femmes, qui semblent dire : Oh ! qu'il est vilain ! c'est ça le fameux courriériste parisien ! »

Le journaliste n'aime donc pas aller dans le monde, pour laisser à ses lectrices, prétend-il, toutes leurs illusions. Il se peut aussi que la vie du dehors n'ait plus rien à lui apprendre ; on n'arrive pas au déclin d'une existence si tourmentée, sans emporter le mépris des hommes rencontrés sur le chemin parcouru. Une anecdote le prouvera.

Un soir, dans une réunion artistique où

Albert Wolff apparaît rarement, parce qu'il sait que des haines sourdes contre lui grondent sous les sourires, il causait au milieu d'un groupe de deux ou trois intimes. A la porte d'entrée se dessina la silhouette d'un personnage fort connu.

« Vous voyez bien X**! » fit Wolff, en désignant celui qui arrivait « Je sais qu'hier, dans un atelier, il a dit de moi pis que pendre ; il va sans dire qu'il m'a traité de « Prussien ». Mais il a encore ajouté que je faisais faire mes articles d'art par les peintres et qu'avec un peu d'argent on aurait ma plume quand on voudra. Maintenant, voyez l'objet ! »

Le personnage en question alla droit au chroniqueur, le sourire aux lèvres et lui donna du « cher ami » par ci, du « grand critique » par là. Quand il se fut dirigé vers un autre groupe, Albert Wolff se tourna vers ses amis, ajoutant :

« Suis-je assez vengé de ce valet ! à présent, allons prendre un bock. »

Une autre fois, se rencontrant avec un confrère qui l'avait malmené le matin dans son journal, le chroniqueur l'aborda ainsi :

« Merci, mon cher. Mes dénigreurs me rendent les plus grands services ; ils me stimulent à la besogne. Quand ils ont perdu leur temps à vouloir prouver à mes lecteurs que je suis un imbécile, je tâche de faire un bon article pour prouver aux mêmes lecteurs que mon éreinteur a menti, et, parole d'honneur, cela me réussit presque toujours. »

Au fond, c'est le résumé de la lettre qu'Albert Wolff nous a adressée et que nous publions au début de ce volume. Le journaliste a une telle conviction de son autorité, incontestée aujourd'hui, qu'il se soucie peu de ce qu'on pense de son talent parmi ses confrères : il a dans le groupe quelques amis, cela lui suffit.

Il se rend parfaitement compte de ce qu'il doit y avoir de tentant pour un débutant, par exemple, à entamer une polémique avec lui. Quand les coups d'épingle ne suffisent pas, on va plus loin, on devient acerbe, on calomnie. Rien ne trouble le repos du chroniqueur, occupé qu'il est toujours de l'article de demain. Souvent il le cherche pendant plusieurs jours et l'écrit en quelques heures, toujours après une hésitation, avec l'angoisse de démériter de ses lecteurs.

C'est pour cela que nul ne suit avec plus

d'attention que lui les nouveaux chroniqueurs qui surgissent de temps à autre, dans la crainte qu'un inconnu d'hier ne vienne l'éclipser demain. Il fait cela sans jalousie d'aucune sorte, nous en sommes persuadé, mais comme un homme préoccupé de l'avenir, mordu de l'ambition bien naturelle de rester au niveau qu'il a conquis et fermement décidé à se retirer de la carrière, le jour où son talent viendrait à faiblir avec l'âge.

Il ne veut pas, affirme-t-il, être le vieux cabotin qui, après avoir brillé sur la première scène, finit pitoyablement dans les théâtres de la banlieue.

Dans un journal comme *Le Figaro*, où tant d'amours-propres se heurtent, on n'est pas toujours tendre les uns pour les autres, mais tous les camarades d'Albert Wolff sont d'accord pour déclarer qu'il n'existe pas de journaliste plus consciencieux que lui. Aujourd'hui, de même qu'il y a vingt cinq ans, il pâlit sur les épreuves pour améliorer l'article, autant qu'il est en son pouvoir de le faire ; quelquefois il revient à une heure du matin au *Figaro* pour voir si ses corrections ont été bien faites, et on les fait avec d'autant plus de soin que le chroniqueur est d'une politesse excessive avec les compositeurs, leur parlant comme à des camarades.

Les autres rédacteurs le disent bon garçon dans les relations et toujours prêt à faire un article à quelqu'heure que ce soit ; beaucoup de ses courriers ont été écrits de la sorte au journal, pendant qu'on lui enlevait les feuillets humides sous la main, et ce ne sont pas les plus mauvais.

Interrogé un soir sur le temps qu'il mettait à faire un article, Albert Wolff répondit :

« Deux heures, quand il est bon, toute une journée quand il est mauvais. »

Toute la critique de l'écrivain se trouve dans ces mots : Albert Wolff écrit vite, lorsqu'il est fouetté par son sujet, enveloppé pár son idée ; lentement lorsqu'il écrit par devoir plutôt que par goût.

C'est surtout un grand improvisateur et il le sait si bien lui-même que, pour ses articles, quand il traite un de ces sujets qui passionnent Paris, il se figure volontiers que, monté sur une borne, au coin de quelque carrefour, il parle à la foule. Il arrive à une telle illusion qu'il dé-clame à haute voix ses phrases, en les écrivant.

De là cette chaleur entraînante qui monte parfois jusqu'à une réelle éloquence. S'adressant à l'Impératrice Eugénie, au sujet de la mort du Prince Impérial, et constatant l'émotion publique, n'a-t-il pas eu cette trouvaille :

« Madame, vous avez régné une heure, sinon sur la France, du moins sur les cœurs français ! »

Et il est parti de là pour écrire une page des plus touchantes. Il montre toutes les mères de France contemplant les fils qui grandissent, et pensant à l'ex-souveraine qui pleure son enfant. L'émotion semble gagner l'écrivain ; elle se communique au lecteur : on est empoigné en même temps que surpris de cette note si pénétrante, si sincèrement humaine, qu'il résume le plus souvent en une phrase heureuse. Non, un si grand ému ne saurait jamais être un blasé.

En parlant des enfants, principalement, il trouve des accents attendris. Cela vient sans doute de ce que lui, le célibataire, il a vu grandir sous ses yeux les neveux et les nièces qu'il aime et qui l'adorent. De Villemessant disait souvent d'Albert Wolff : « *Il a la corde de la famille !* » Par ces mots, le grand flaireur de talents traduisait l'étonnement que lui causait son rédacteur, chaque fois qu'il franchissait le seuil d'un foyer pour s'occuper de l'intérieur des familles.

Il a écrit notamment, il y a quelques mois, un courrier sur le gommeux bourgeois qui est parfait, parce qu'il l'a vécu et souffert personnellement, dans sa tendresse familiale.

Pour montrer par quelle gradation un fils est arrivé à méconnaître l'autorité paternelle, le chroniqueur recherche d'abord la cause de cette irrévérence. Il fait un tableau de la famille de jadis où toute la maison se réunissait, le soir, autour de l'antique table ronde bourgeoise ; puis il arrive à la dislocation de la famille par le relâchement des liens, par le père qui va au Cercle, la mère qui court les plaisirs et les enfants abandonnés aux domestiques. Ce n'est plus de la simple chronique, ce sont des études de mœurs qui, développées, fourniraient d'admirables chapitres de romans.

Aussi, en faisant cette dernière remarque, pouvons-nous dire d'Albert Wolff que le journalisme l'a amoindri tout en le rendant célèbre. Au fond, il a manqué sa vie ; malgré son renom en France et à l'étranger, il ne possède pas la situation durable devant l'avenir, qu'il aurait pu conquérir. Le journalisme l'a englobé, le bénéfice facile et immédiat l'a lancé dans la voie fatale de l'improvisation qui menace d'engloutir toute la jeune génération venue après lui, et plus avide encore du gain rapide. Comme nous l'avons déjà constaté, c'est le triomphe du journal sur le livre, l'apothéose de l'homme qui écrit pour un jour et l'écrasement de ceux qui envisagent l'avenir.

C'est également le règne de la publicité écrasante : tous ceux qui pensent lentement sont les humbles serviteurs de celui qui improvise à la hâte.

Un homme comme Albert Wolff, qui, en plus de son autorité personnelle, dispose du journal le plus répandu, peut en un tour de plume faire beaucoup de bien ou énormément de mal; il donnera des éditions à un livre ou le jettera dans l'oubli; il prendra un artiste par la main et l'imposera au public ou le replongera dans les ténèbres.

On dirait que le chroniqueur le sait, et c'est, croyons-nous, pour cela que, de loin en loin, il cueille dans la foule un inconnu pour le mettre en évidence, pour se faire pardonner devant sa

conscience le mal que, si.souvent, il a fait involontairement.

Telle est la physiologie et la psychologie de
cet homme que nous allons voir encore à l'œuvre, mettant tour à tour en relief, suivant les
occasions, des défauts et des qualités sortant
de l'ordinaire : ce qui rend sa physionomie particulièrement intéressante, c'est qu'il ne fait
rien avec calme, dans tout il se montre un passionné, un fougueux.

XXIII

En 1872, il donnait au *Figaro* son troisième
salon.

Le dernier, celui de 1870, bien que l'effet en
eût été en partie neutralisé par le débordement
des événements et que le souvenir en eût été
presque effacé, avait eu, à l'époque, quelque
retentissement dans le monde des Arts ; on
commençait à se préoccuper chez les artistes
de ce critique hardi, disant carrément son avis
bon ou mauvais avec un aplomb féroce et ne
craignant pas de dauber à cœur joie sur les
toiles qui ne lui plaisaient pas.

Certes, il pouvait et devait se tromper plus
d'une fois dans ses appréciations, à cause de
certain parti-pris très violent pour l'art moderne

et parisien et de sa haine de toute entrave d'École ou d'Académie ; mais il avait le mérite de la franchise poussée aux dernières limites et une sincère passion de l'Art. Beaucoup d'artistes ont le droit de se plaindre de lui et, plus tard, nous examinerons leur cas tout spécial, mais d'autres n'ont qu'à se louer de ce vigoureux défenseur des novateurs et des audacieux, qui les a lancés et les a aidés à arriver quelquefois avant l'heure, en leur écartant les rudes broussailles du début et en habituant le gros public à leurs œuvres, à leur nom.

Ce qui ressort de ses Salons, c'est que ses préférés de 1870, de 1872, sont également ses préférés de 1883, mais qu'à l'occasion il ne leur épargne pas les étrivières, quand il se croit en droit de le faire, avec d'autant plus de sévérité et de causticité qu'il ne leur a pas ménagé les plus complets éloges auparavant. Ce qui fait aussi l'importance du critique, c'est que personne ne l'a dans la main.

Ainsi, en 1872, nous lui voyons vanter avec raison le talent de Henri Dupray, Carolus Duran, Carpeaux, Jules Breton, Detaille, Pille, Berne-Bellecour, Guillemet, Henner, Laurens, et mettre sur un piédestal le père Corot; mais

il attaque l'École de Rome, avec certaines réserves, en ce qui concerne Jules Lefebvre,
passionnément quand il arrive à Cabanel.

A propos de Corot, c'est certainement lui qui
a le plus fait dans l'opinion publique pour le
grand paysagiste.

Il le connaissait beaucoup, a souvent causé
avec lui sur sa façon de comprendre l'Art, la
Nature et passé de longues heures dans son
atelier, l'étudiant à fond. C'est de Corot qu'il a
le plus appris sur les grands peintres Troyon
et Rousseau que le maître connaissait.

Les peintres avec lesquels Albert Wolff a été
lié très intimement sont Corot, Jules Dupré et
Diaz, et c'est en apprenant de leur bouche les
misères atroces de leur jeunesse que le chroniqueur a été si souvent poussé à critiquer la situation exagérée faite de nos jours aux jeunes
peintres.

Ce troisième Salon commence vraiment la
série de ses Salons influents.

Dans la seconde partie de l'année, nous relevons quelques chroniques qui viennent compléter l'effet produit par celle de l'affaire Du
Bourg.

Rappelons le mot sanglant de *Werther du*

lupanar trouvé pour stigmatiser un jeune homme qui avait tenté de se suicider dans le boudoir d'une cocotte. On pressent que chaque fois qu'il aura à traiter une thèse de pareille nature, il remportera un succès assuré.

Le 10 mars 1875, après une brouille avec de Villemessant, qui avait motivé son éloignement du *Figaro* pendant plus d'un an, Albert Wolff, à l'occasion de sa rentrée au journal, offrait à ses confrères un punch chez lui, dans son appartement de la rue Laffitte.

C'était aussi une occasion d'établir sur un pied sérieux sa réputation de collectionneur et de montrer le commencement de galerie qui l'occupait depuis si longtemps. Certes, il y avait loin du jour où, amateur débutant, il avait mis dix-huit cents francs de côté pour acheter l'aquarelle de Bonnington.

Maintenant il pouvait faire admirer, avec un juste orgueil, six tableaux de Corot, une marine et un paysage de Jules Dupré, *la Femme au Miroir*, de Stevens; parmi ses Diaz, *les Fleurs de Barbizon*, achetées à la vente de Khalil-Bey; des Vollon, deux Fromentin, un Roybet, une merveilleuse tête de Ingres. Sur les murs figuraient aussi Charles Jacque, Ziem, Gustave

Doré, Bonvin, Courbet, Berne-Bellecour, Detaille, de Neuville, Harpignies, Dupray, Daubigny, Munkacsy, Guillemet, et, parmi les sculpteurs, Millet, Barye, Jules Franceschi; en tout une quarantaine de très belles œuvres d'art. Son ambition de toute sa vie était satisfaite, une de ses plus grandes passions assouvie.

Aussitôt revenu au *Figaro*, il reprend sa tâche que les événements semblent se complaire à lui faciliter, en lui offrant tous les moyens de perfectionner sa science de chroniqueur. Tantôt c'est une définition curieuse des crises financières, à propos de Philippart et du Crédit Mobilier Espagnol; tantôt un article à l'occasion de la mort d'une célébrité, le peintre Pils, le sculpteur Carpeaux, l'actrice Déjazet.

Après son Salon, qu'il reprend en 1876, il consacre des articles curieux à l'œuvre de Richard Wagner, *les Niebelungen*, qu'il va entendre à Bayreuth.

C'est en allant à Bayreuth qu'il eut le spectacle grotesque d'un convoi de cent veaux, qui refusaient obstinément de monter en wagon. Aussi écrivait-il dans son premier article :

« M. de Buffon ne nous a pas dit dans ses ouvrages que les veaux détestaient la musique de Richard Wagner...»

Puis la chronique, commencée sur ce ton badin, s'élevait, et vengeait Paris si ignominieusement outragé par le musicien allemand.

Faisant allusion au pamphlet de Wagner, Albert Wolff disait en s'adressant dans cet article au compositeur :

« En France, vu mon origine, j'ai évité, Monsieur, de parler de cela ; mais ici, chez vous, à Bayreuth, sur la terre allemande, je viens vous dire que vous avez commis là une bien vilaine action. Ceci dit, n'en parlons plus, nous allons juger votre œuvre, en oubliant que vous vous êtes un jour déguisé en hercule de foire pour tomber les tours Notre-Dame. »

Vingt-quatre heures après l'article, Albert Wolff arrivait à Bayreuth. Ce fut une stupéfaction.

Alors, le premier soir, comme il se promenait en voiture avec M. Jauner, le directeur du théâtre de Vienne, des pierres grosses comme le poing furent lancées dans la voiture. On disait qu'on écharperait le chroniqueur du *Figaro* s'il se présentait au théâtre.

Il courait de réels dangers, si bien que tout le Jockey-Club de Vienne réuni à Bayreuth s'en émut et le prit sous sa protection, lui constituant une sorte de garde du corps. Cet article, commencé par une chose des plus gaies, avait menacé de finir par une des plus terribles.

Puis, il fait le premier, et malgré toutes les protestations de ses confrères, un éloge très détaillé de *l'Assommoir* et du talent déployé par Émile Zola dans cette œuvre qui peint le véritable ouvrier. C'est ensuite la période des graves affaires Godefroy, Billoir et Le Manach, Prieur de la Combe, un faussaire, un assassin et un incendiaire. Albert Wolff est en pleine verve, en plein succès. Rien ne semble plus devoir arrêter sa marche en avant, quand s'abat brusquement sur lui une des plus grosses catastrophes de sa vie accidentée.

Ici, pour la complète intelligence des faits, il est nécessaire de présenter le journaliste sous un de ses aspects les plus connus, celui du joueur, et de consacrer une étude particulière à ce côté de sa physionomie.

XXIV

En effet, quand on parle d'Albert Wolff, la réputation du joueur n'est pas moins solidement établie que celle du chroniqueur ; oublier la passion dominante de l'écrivain, celle qui a tenu un si grand rôle dans sa vie, ce serait ne le peindre qu'à moitié : le joueur chez lui est la contre-partie du laborieux.

La manière dont il a pris le goût des cartes est fort amusante : cela remonte à sa première enfance.

Après la mort de ses parents il fut élevé chez une de ses tantes, qui était bien la plus enragée joueuse que l'on put voir. Dès que son mari était couché, descendant l'escalier sur des chaussettes pour ne pas faire de bruit, elle s'en allait presque tous les soirs jouer chez une de ses amies, demeurant à quelque distance.

Comme la bonne dame ne pouvait se risquer seule dans les rues désertes de la ville de Cologne, et encore moins rentrer sans cavalier à la maison, à une heure avancée de la nuit, le petit Wolff, tout bambin, l'accompagnait dans ses escapades.

Il restait souvent là jusqu'à quatre heures du matin, sommeillant dans un coin, sur une chaise.

Quand il ne dormait pas, il suivait le jeu avec le plus vif intérêt, car, lorsque sa tante gagnait, elle lui donnait une pièce de vingt sous.

Il est vrai que les nuits de déveine, tout en ourant vers son logis, avec l'inquiétude de savoir si son mari n'avait pas remarqué son absence, elle donnait taloches sur taloches à son compagnon, disant :

« Allons, plus vite, méchant gamin ! Tu ne ne peux donc pas allonger les jambes, grand paresseux ! »

Albert Wolff apprit de la sorte de bonne heure, avec les cartes, les joies et les amertumes du jeu : la passion lui en fût inculquée comme l'on voit, de la manière la plus bizarre, à grand renfort de bourrades et de pièces de vingt sous.

Nous l'avons vu ensuite, sous l'influence des griseries du journalisme, se laisser aller à imiter les grands confrères et courir à Bade, avec ses premières économies, pour mettre en pratique les inconscientes leçons de sa tante. Il ne fut pas très heureux dans ce début et éprouva là une de ses plus grandes douleurs.

Ayant tout perdu, il s'était mis solitairement à la fenêtre de son hôtel. De là il voyait la ville brillamment illuminée, à l'occasion de la fête du Grand Duc, et entendait les rythmes de l'orchestre.

Endetté jusqu'au cou, songeant aux huissiers et aux créanciers, dans cette solitude, rongé par le plus cruel désespoir, il lui fallait cependant écrire les louanges de Bade pour le journal. Et tandis qu'il traçait ces mots : « *Bade, séjour enchanteur*....... », des larmes cuisantes tombaient sur sa copie.

Mais il était jeune, ardent, il ne se rebuta pas et continua à jouer, passant la plupart de ses nuits au cercle, après avoir travaillé toute la journée.

Le goût du jeu fut d'ailleurs un des liens de l'intimité qui existait entre de Villemessant et Albert Wolff, plus qu'entre le directeur du *Figaro* et ses autres rédacteurs. Lorsque quelque boutade du rédacteur en chef, quelque réponse du chroniqueur indiscipliné avaient brouillé les deux hommes, le jeu, qu'ils aimaient passionnément tous les deux, les ramenaient l'un vers l'autre

Le soir, ils se retrouvaient au cercle et quand Albert Wolff tenait une banque avec l'*estomac* qu'on lui connaît, de Villemessant, tout fier, s'écriait :

« Il n'y a pas de chroniqueur dans Paris pour donner un pareil coup ! »

On riait, on était désarmé et on se raccommodait.

Certain jour, pour un mot brutal, Wolff avait pris la mouche : il était parti pour Monaco. Peu de jours après de Villemessant arrive à son tour ; le rédacteur en chef et le chroniqueur ne se parlaient pas : cette fois la brouille était sérieuse.

A la fin de la journée, Albert Wolff étant

assis au trente et quarante, de Villemessant vint se pencher par-dessus son épaule, et, après avoir compté l'argent que le journaliste avait devant lui :

« Deux mille trois cents francs ! » dit-il « Très-bien ; voici cent quinze louis : jouez le tout pour nous deux ! J'espère que vous perdrez !... »

Et, comme Albert Wolff le regardait avec étonnement :

« Oui. Quand vous n'aurez plus le sou, vous serez bien forcé de revenir au *Figaro* ajouta le Directeur, et je ne regretterai pas mon argent. »

Dans une autre circonstance, vers la fin de 1873, une querelle beaucoup plus grave éclata entre les deux journalistes et détacha Albert Wolff du *Figaro* pendant plus d'un an, car il ne devait y rentrer qu'en Mars 1875. A une violente sortie de son rédacteur en chef, il avait répondu : « Bonjour la compagnie, je m'en vais ! »

La discorde, cette fois, semblait devoir s'éterniser ; Wolff avait transporté sa chronique dans l'ancien *Gaulois* de Tarbé des Sablons.

Il partit même pour Madrid et rendit compte

des fêtes du premier mariage du roi d'Espagne dans le journal rival.

A Madrid, le chroniqueur fut présenté dans le monde par le baron Antonio de Ezpeleta, son meilleur ami. Tous les salons s'ouvrirent devant lui ; le premier club de la ville le reçut avec empressement ; le marquis de Sardoal, un des hommes politiques en évidence, promenait le journaliste au bois de Madrid ; la marquise de Bedmar l'invita à dîner avec tous les ministres et le plaça à sa gauche, mettant M. Canovas de Castillo à sa droite. Chez le duc de Fernan Nunez on lui fit un accueil particulièrement hospitalier, et enfin le roi François d'Assise lui fit en personne les honneurs du Palais Royal, montrant aux lumières à Albert Wolff, qui en avait exprimé le désir, le célèbre plafond de Tiepolo, dans la salle du trône.

Le récit très détaillé de tous ces incidents, que l'ancien chroniqueur parisien du *Figaro* publiait dans le journal de M. Tarbé, irrita fort M. de Villemessant.

Le directeur du *Figaro*, traitant son rédacteur préféré d'ingrat, jura que jamais son journal ne publierait plus une ligne de Wolff, et bien décidé à le remplacer pour toujours, il commença même par engager Louis Enault pour le Salon à venir.

La querelle en était arrivée au degré le plus aigu, car, lorsqu'on se rencontrait au Café Riche, à la fameuse table ronde, où pendant de longues années déjeunaient ensemble un groupe de musiciens, d'auteurs et de journalistes, de Villemessant lançait des épigrammes à son ancien rédacteur et celui-ci ripostait dans les termes les plus vifs.

Un jour le chroniqueur s'écria, masquant sous un ton plaisant sa pensée véritable et son brûlant désir de rentrer au *Figaro* :

« Quand paraîtra mon prochain article ? .

— Votre nom ne figurera plus jamais dans mon journal ! » tonna de Villemessant, rouge de colère. « Je l'ai juré sur la mémoire de ma grand'mère, qui m'a élevé, comme vous savez ! »

« Et moi, répondit Wolff, j'ai juré sur le souvenir de mon grand-père, que j'y rentrerais quand je voudrais !

— Jamais !

— Voyons, insinua le chroniqueur. N'y aurait-il pas moyen d'arranger cela sur l'heure ? Après avoir passé quinze années l'un à côté de l'autre, nous ne pouvons pas occuper le reste de notre vie à nous quereller. Voilà ce que je vous propose. Nous sommes tous deux liés par un serment.

— Parfaitement !

— Eh bien ! Je vous joue la mémoire de votre grand'mère contre le souvenir de mon grand-père, au piquet, en cent cinquante, partie liée !»

On apporta des cartes : Wolff gagna la grand'-mère. Le lendemain il rentrait au *Figaro*, qu'il n'a plus quitté depuis.

L'hiver à Paris, l'été à la campagne, de furieuses parties de piquet étaient jouées entre le directeur et le rédacteur.

Quand le chroniqueur avait besoin d'avances à la caisse ou qu'il voulait obtenir un congé, il commençait par s'attabler en face de son rédacteur en chef ; puis au sixième *Rubicon* qu'il subissait, car de Villemessant était beaucoup plus fort que lui, Albert Wolff insinuait tranquillement qu'il avait besoin de changer d'air ou qu'il manquait d'argent. Alors de Villemessant, rendu bon par son triomphe, accordait tout.

Lorsque la *culotte* était très forte, Wolff la payait à tempérament, à tant par mois, à la

caisse du journal. La dernière fut considérable ;
un jour, le chroniqueur passa au guichet :

« Combien dois-je encore à M. de Villemessant ? demanda-t-il.

— Quatorze cent cinquante francs.

— Eh bien ! prenez les. »

Deux heures après, le télégraphe apporta la
nouvelle de la mort de M. de Villemessant,
après la première émotion, Wolff dit à ses
camarades :

« Je n'ai jamais eu de chance avec notre
rédacteur en chef ; si la nouvelle était arrivée
quelques heures plus tôt, je ne payais pas les
quatorze cent cinquante francs et la famille ne
les aurait jamais réclamés. »

C'est un mot de joueur et de boulevardier
qui n'empêche pas les sentiments comme on
dit ; car, en toute circonstance, le chroniqueur
rend justice aux qualités du fondateur du
Figaro, auquel Wolff doit la tribune si re-
tentissante qui a fait sa réputation. Mais on
ne peut s'en étonner, quand on l'a suivi soigneusement comme nous l'avons fait durant
sa longue carrière ; c'est un faux blasé, dont
l'émotion profonde fait constamment cra-
quer le vernis de scepticisme, plus apparent

que sincère. A chaque moment il éprouve le besoin de dissimuler une larme sous le pétard d'un bon mot, ou de masquer sa douleur par une vantardise.

Sa vie de joueur a été accidentée par des incidents de toute nature.

Les trois parties les plus drôles qu'il ait faites, ont eu pour théâtres, Paris, Tours et Constantinople.

La première remonte au temps de sa jeunesse, à une époque où il revint de Bade, absolument décavé. A Paris, une désagréable surprise l'attendait : son mobilier devait être vendu le lendemain.

Dans une pareille extrémité, que faire ? Il court partout, dans l'espoir de rencontrer quelqu'ami qui puisse le tirer d'embarras.

Après avoir longtemps cherché inutilement, il pénètre enfin dans un cercle, où il aperçoit à une table de bouillotte l'huissier qui avait accumulé le papier timbré chez lui durant son absence et qui devait faire exécuter la saisie le jour suivant.

Albert Wolff avait sur lui quarante cinq francs; il *se cave* de cette somme à la bouillotte; l'huissier fait *son tout*.

« Tenu ! » crie le journaliste, et il double sa mise sur l'officier ministériel.

La lutte se prolonge ; chaque fois que l'huissier entre à la bouillotte, il est décavé par son adversaire, le chroniqueur. A onze heures, enfin, Wolff se lève, lâche sa victime mise à sec et lui dit :

« A quelle heure, pourrais-je vous envoyer demain matin la réponse aux nombreuses communications que vous m'avez faites pendant mon absence ? »

L'huissier ne trouvant pas un mot, le journaliste reprit :

« Grâce à vous, je suis sauvé ; à l'ouverture de vos bureaux, les fonds seront chez vous. »

A Tours, ce fut pendant le procès Victor Noir et Pierre Bonaparte. On l'avait invité au grand Cercle, où il se trouva reçu à merveille par les habitués. Puis, comme on connaissait son faible, vers une heure du matin, après le départ des gens âgés, l'élément jeune fit descendre du premier la table de baccara, dont on ne se servait plus depuis de longs mois.

Une fois installé, le chroniqueur gagne neuf coups sur dix ; contrairement à ce qui arrive ordinairement, en pareille circonstance, les *pontes* sont enchantés ; ils passent avec empressement leur argent à l'heureux joueur, disant, le visage illuminé d'un cordial sourire :

« Nous espérons, Monsieur Wolff, que vous emporterez un bon souvenir de Tours. »

A quatre heures du matin, quand le journaliste, qui continuait à avoir un bonheur extraordinaire, les eut complètement mis à sec, les jeunes gens et les officiers le reconduisirent à l'hôtel, en lui répétant tout le long de la route :

« Enchantés, Monsieur, que vous emportiez un si agréable souvenir de Tours ! »

Mais la partie la plus mémorable de sa vie eut lieu en 1869, contre le prince Mustapha pacha, dans son palais de Candili.

Un soir, après le dîner, son Altesse fit apporter une table de trente et quarante.

« Quest-ce que vous mettez en banque ? demanda le prince.

— Tout ce que je possède, » répondit le journaliste, étalant devant lui cinq ou six mille francs.

«Fort bien ! » continua son adversaire. « Je mets cent francs à rouge. »

Albert Wolff, qui se voyait déjà en train de gagner un million au prince dont il était l'hôte, donna le coup et perdit. Immédiatement le gagnant se leva, mit les cent francs dans sa poche et laissant le chroniqueur tout déconfit :

« Bonsoir, fit-il ; je vais me coucher. »

Jamais Mustapha ne voulut donner une revanche à son invité.

Seulement, lorsque le journaliste quitta Constantinople, alors qu'il était déjà à bord du steamer prêt à lever l'ancre, un aide-de-camp du prince arriva avec un billet ainsi conçu :

« *Pour vous faire oublier votre perte.* »

Au billet était joint un bijou d'une valeur de dix mille francs.

C'était à Bade qu'Albert Wolff avait fait la connaissance du prince, dans des circonstances qui méritent d'être rapportées.

Mustapha Pacha ne cessait de perdre ; en voyant entrer le chroniqueur Parisien, qui ne lui avait jamais été présenté, le prince lui cria :

« Ah ! vous voilà, Monsieur Wolff ! Flanquez-moi donc un bon éreintement dans votre journal, à ce croupier qui ne me laisse pas gagner un seul coup. »

Très irrité d'être publiquement traité avec ce sans gêne, le journaliste répondit vertement :

« Monseigneur, j'aime mieux vous éreinter, vous, car vous êtes plus en vue que cet obscur employé. »

Jamais on n'avait parlé de la sorte à Mustapha ; habitué à toujours voir les flatteurs à ses genoux, il fut très impressionné par cette fière réponse d'un simple journaliste et s'éprit pour lui d'une vive amitié. Aussi le combla-t-il de distinctions, quand, deux ans après, Albert Wolff vint le voir à Constantinople.

Tour à tour le chroniqueur fut l'hôte de Mustapha à Candili et de Khalil bey à Buyuk-Déré ; mais de temps en temps il s'échappait pour aller faire sa partie de dominos avec un coiffeur français établi à Péra, et chez qui il trouvait les petits journaux de Paris.

Ceci, c'est encore une des faces du journaliste, un des points par où perce son orgueil de plébéien, d'homme arrivé par lui-même. Il n'a jamais subi l'ascendant des titres et la situation acquise par la naissance le laisse absolument froid. C'est un indiscipliné, très fier d'avoir conquis sa position après de longues luttes et aimant qu'on le sache ; à ceux qui l'oublient, il lui arrive de le rappeler de la plus cruelle façon, par quelque cinglante ironie.

Invité en soirée chez un très grand seigneur

du faubourg Saint-Honoré, on l'avait traité comme un objet de curiosité plutôt que comme un journaliste de son rang et il avait été profondément blessé d'un pareil manque de tact.

Vers minuit, le maître de la maison, un étranger, fit avancer sa calèche de gala, un équipage splendide, chargé de laquais galonnés, engagea le chroniqueur à y monter et lui dit d'un ton protecteur du plus mauvais goût :

« Hein ! On est bien là-dedans ? — Où voulez-vous qu'on vous conduise ? »

Wolff répliqua froidement :

« Au café de la porte Saint-Martin ; quand j'ai passé une soirée dans le monde, j'éprouve le besoin d'aller prendre un bock avec des acteurs ! »

C'est ce qui peut expliquer comment ce révolté, cet indompté, chez lequel bouillaient toujours les rébellions de son enfance, a passé auprès des puissants du jour sans s'y arrêter outre mesure.

Sa vie entière prouve, par de constants exemples, qu'il met l'homme qui parvient par son travail au-dessus de l'homme devant tout à la naissance ; nous ne le voyons s'incliner que devant la majesté du génie.

Quand on lui demande lequel de tous les grands seigneurs, approchés et connus par lui, a produit sur lui la plus profonde impression, il répond :

« Je n'ai réellement été ému que quatre fois ; quand Alexandre Dumas m'a appelé son ami ; quand Victor Hugo m'a tendu la main ; quand j'ai causé avec Meyerbeer, et quand Corot m'a fait l'honneur de venir dîner chez moi. »

En somme, Albert Wolff n'aime pas qu'on lui parle du jeu. Si un étranger fait allusion à cette passion du chroniqueur, si quelque curieux l'interroge à ce sujet il les rembarre fort sèchement, en leur disant sur un ton dont nous ne saurions reproduire l'insolence :

« Vous ne savez donc pas lire, puisque vous semblez ignorer que j'ai une autre profession ! »

Nous nous souvenons pourtant de l'avoir entendu accepter publiquement la discussion. C'était dans l'atelier du peintre de Nittis ; il fit, à ce propos, une déclaration qui a certainement sa valeur et dont nous avons gardé les principaux arguments.

Il se révoltait d'être traité de joueur, affirmant qu'un joueur est un homme saisi par une passion qui l'absorbe et que tel n'était pas son cas.

Jamais il n'a failli à un devoir pour le jeu ; son plus mortel ennemi ne pourrait citer un exemple de ce genre et nous allons même voir plus loin à quel point il avait le respect de ses dettes de jeu. Certes il a toujours joué, mais il a encore plus travaillé ; étant garçon, libre de ses agissements, il a le droit indéniable de faire ce qu'il veut, et si le jeu lui a fait des blessures, il n'a demandé à personne de les guérir, s'en rapportant toujours pour cela à son labeur.

Cinq mille Parisiens jouent tous les soirs dans les cercles ; on parle de préférence de lui, parce qu'il occupe l'attention publique plus que les autres.

En réalité, on ne peut l'accuser d'avoir ce qu'on appelle la bosse du jeu ; il en a plutôt le goût, car il n'est fort ni au whist, ni au piquet, ni à aucun des jeux dits de commerce. C'est pour cela qu'on le voit jouer le *Baccara*, jeu brutal et sans finesse ; s'il est de préférence *banquier*, c'est qu'il y a pour lui un très grand plaisir à se trouver seul à lutter contre trente *pontes* qui veulent le dévorer : cela l'excite. Le jeu est donc pour lui ce que le café est pour les uns et l'absinthe pour les autres, un stimulant.

Jamais le jeu ne sera un danger pour lui, parce que son ambition de journaliste est dominante ; le gain ne l'a jamais détourné de son travail, et la perte ne l'a jamais découragé. A la suite d'une déveine cruelle, il se retrouve devant une feuille de papier blanc et le désir d'écrire un bon article lui fait oublier sa défaite au baccara.

Lorsqu'en 1866, avec MM. de Villemessant et Dumont, il parcourut les champs de bataille en Allemagne, ils allèrent de Bade à Hombourg et à Wiesbaden. Dans cette dernière ville, le chroniqueur perdit tout et se coucha à une heure du matin, absolument décavé.

Le lendemain à sept heures, de Villemessant entrait dans sa chambre :

« Eh bien ! mon pauvre Wolff, lui dit-il, vous ne devez pas être en train de travailler ?

Vous croyez cela ! répondit le journaliste. « Mettez-vous sur cette chaise et écoutez. »

Debout, depuis cinq heures du matin, il

avait écrit un de ses bons articles, avec la sérénité d'un homme qui base sa vie sur le travail et non sur le hasard.

Mais toutes ses précédentes épreuves, toutes ses tribulations de joueur n'étaient rien à côté de la terrible leçon qui allait tomber brutalement sur lui, en pleine prospérité, et dans son âge mûr.

XXV

Dans les premiers jours du mois d'avril 1877, après une nuit entière passée à jouer, au cercle, il s'était levé de table, à sept heures du matin, las de ces longues heures d'émotions continues, et ayant fait un gain d'environ cinq ou six mille francs.

Depuis quelque temps, soit par lassitude du jeu, soit à cause de la mauvaise foi ou de la malhonnêteté de certains joueurs et de certains cercles, comme il s'en était plaint dans une de ses plus récentes *Gazettes de Paris*, il sentait se produire en lui une sorte de revirement contre cette vieille passion ; aussi, en se levant, il déclara qu'il ne jouerait plus jamais gros jeu.

Au moment même où il se disposait à partir, un voix cria du salon :

« Il y a vingt-cinq mille francs en banque ! »

Il était sept heures un quart.

« Ma foi ! repartit le journaliste, après un coup d'œil donné à la pendule, pour la curiosité du fait, je vais me rasseoir à la table : ce sera la première fois que pareille chose m'arrivera à sept heures un quart, ayant quitté à sept heures ! »

Sous cette idée bizarre de joueur, il se remit à jouer. Une heure plus tard, il perdait cent quatre-vingt-quinze mille francs !

Quand il se retrouva seul dans la rue, il se demanda si c'était bien vrai, si c'était arrivé, s'il venait réellement de perdre une somme aussi fantastique, une fortune ! Il essaya vainement de lutter, de rassembler ses esprits ; il n'y voyait plus, ne parvenant ni à rétablir l'équilibre de ses idées, ni à juger de sang-froid l'épouvantable malheur qui s'abattait sur lui.

Sa première pensée fut de courir chez son frère et de lui demander conseil. Quand il lui eut exposé sa terrible situation :

« Que dois-je faire ? fit-il en terminant.

— Payer, répondit celui-ci.

— Je n'ai pas une somme pareille.

— Il faut faire argent de tout et payer. »

On l'avait dépouillé, dévalisé probablement; mais ce n'était pas le moment de discuter; il fallait d'abord se tirer de là avec l'honneur sauf en réglant aussi rapidement qu'il serait possible cette énorme dette.

Il commença par emprunter à son frère une somme de cinquante mille francs qu'il fit remettre immédiatement au cercle pour bien prouver son intention de s'acquitter. Puis il se rendit chez M. Francis Petit, l'expert, le pria de vouloir bien venir faire à son domicile l'estimation de sa collection de tableaux et de lui dire ce qu'il pourrait lui en donner sur-le-champ.

C'était là une détermination terrible et qui devait être plus sensible que tout au collectionneur. Il lui fallait se séparer de cette collection si précieuse, si péniblement et si lentement massée, dont chaque tableau avait son historiette, son souvenir, son aventure, son charme particulier en plus de sa valeur marchande. Mais il valait mieux être ruiné que de prêter à la médisance.

Certes, plus tard, on reprochera à Albert Wolff d'avoir ainsi vendu, confondues avec les tableaux achetés par lui, des esquisses données par les artistes, des toiles qui devaient lui être précieuses surtout à cause de cela, mais nul n'a fait remarquer, que dans un moment de pareil affolement et lorsque son honneur même se trouvait en jeu, il ne pouvait agir autrement.

Bien plus, faisant exposer sa collection à l'Hôtel des Ventes avec toute la publicité dont il pouvait disposer, il eût certainement tiré de sa vente une somme supérieure de cinquante ou soixante mille francs à celle que l'expert lui donna de la main à la main.

Mais il ne voulait pas de bruit, conservant l'espoir, fort vague à ce moment, de se tirer d'affaire et de racheter un jour sa collection, de rattraper ces tableaux dont le départ lui crevait le cœur. Il est intéressant de savoir qu'aujourd'hui, en effet, il est parvenu à en ravoir la plus grande partie, et la plupart ont été rachetés par lui à des prix bien supérieurs à ceux de la vente.

M. Francis Petit accepta donc d'estimer la collection ; il dit au malheureux décavé :

« Donnez-moi une heure pour faire mon estimation et allez vous promener pendant ce temps-là ; quand vous reviendrez, je vous dirai exactement ce que je vous offre de vos tableaux. »

Lorsque Albert Wolff, tout tremblant, inquiet de savoir s'il pourrait faire face à sa dette, revint, l'expert l'accueillit par ces mots :

« Je vous donne cent soixante-quinze mille francs du tout. »

Le chroniqueur était sauvé.

Immédiatement il alla toucher à la Banque le chèque que lui remit l'expert et paya ses créanciers du Cercle.

Il avait payé, mais il était absolument ruiné, aussi pauvre, aussi misérable que le jour de son arrivée à Paris, vingt ans auparavant. Un profond découragement le glaça de la tête aux pieds ; que faire ? que devenir ?

Quand, le soir, exténué, il rentra chez lui, rue Laffitte, où il demeurait au numéro cinquante-huit, dans la maison qui fait l'angle avec la rue de Châteaudun, les déménageurs sortaient, achevant d'emporter sa collection.

XXVI

La dernière dette de jeu payée, la dernière
de ces chères et précieuses toiles vendue pour
s'acquitter, le journaliste alla tomber assis à
côté de sa table, au milieu de son salon dé-
garni, affaissé, sentant peser de toutes parts
sur lui les épouvantements pleins d'angoisse
de la nuit, de la solitude et de la ruine.

Que de réflexions amères, de regrets ina-
voués, de sourdes désespérances s'abattirent
sur lui comme une tourbillonnante et lanci-
nante nuée d'éperviers des ténèbres, lui lacé-
rant sans relâche le cœur et le cerveau !

Il n'avait qu'à jeter les yeux autour de lui
pour se rendre compte de la complète horreur
de sa situation ; tout l'avait abandonné, tout

17

l'avait quitté, le laissant là seul au milieu du désastre, avec la sensation terrible du naufragé en pleine mer, qui devine, à un insensible mouvement du plancher, que le navire coule lentement sous lui et que l'heure désespérée, l'heure dernière approche, implacable, inexorable. Autour de lui, il eût cherché en vain, rien ne pouvait le sauver, il ne pouvait se raccrocher à rien. Le désert s'était subitement fait ; ses tableaux préférés, les amis chers de ces longues heures passées en tête-à-tête avec des peintures aimées avaient déserté le bâtiment prêt à sombrer.

Le cœur serré, les yeux pleins de cuisantes brûlures, il regardait ces murs nus, d'où les cadres semblaient avoir été arrachés plutôt que décrochés, dans la hâte douloureuse de la dette énorme à payer, du déficit à combler en faisant argent de tout, sans pouvoir sauver la plus petite parcelle de ces richesses artistiques du naufrage. Partout la nudité désolante, accentuée encore par les trous hâtifs, les déchirures du papier, les clous à demi arrachés, toute la banalité et tout le pillage du déménagement fait en peu d'instants.

Essayant de réagir contre la terreur de ces

impressions enveloppantes dont la glace le pénétrait lentement, il se leva, fit quelques pas çà et là, cherchant vainement à se raisonner, à lutter contre ce cercle toujours plus étroit de fantômes et d'obsessions. Inutilement, le moindre cordon encore pendu devant une glace, le plus petit clou encore adhérant au plâtre, lui rappelait jusque dans ses détails le tableau favori qui s'étalait là bien dans son jour, avec ses gaietés radieuses de paysage, ses ensoleillements sous bois, ses bonshommes crânement posés, ses poésies rêveuses, et le flot des amertumes revenait plus grossi, plus grondeur qu'auparavant, sans qu'il trouvât un argument pour lui faire face, une bonne raison pour lui résister.

Alors, il alla retomber devant sa table de travail, froissant machinalement de la main les papiers qui s'y trouvaient, n'osant plus contempler autour de lui le vide navrant de la pièce, ni ces grands murs dépouillés, qu'il lui semblait voir se rapprocher lentement, comme dans l'affreux cauchemar de l'inquisition *Le puits et le pendule* conté par Edgar Poë, et menacer de lui broyer le cœur.

Quel changement dans sa vie ! Quelques

jours auparavant, c'était l'aisance dorée, le bien-être absolu avec son enveloppante et grisante quiétude, nulle préoccupation du jour ni du lendemain, la fortune acquise après de longues et pénibles années d'un travail excessif, forcené. Aujourd'hui, table rase, plus rien, rien, rien ! Deux cent mille francs partis, envolés sur quelques coups de cartes ! Et cela à un âge où on ne recommence plus facilement à édifier sa fortune, comme aux époques de belle et chaude jeunesse ; à plus de quarante ans passés, lorsque les premières ardeurs se sont éteintes, lorsqu'on a presque oublié dans les douceurs du présent les bohèmes gaiement supportées autrefois, lorsqu'on s'est acoquiné au bien-être douillet de l'intérieur agréable et luxueux, avec la joie douce des beaux meubles soyeux, où l'on est bien assis, vautré à son aise, des belles étoffes disposées en tentures, des draperies rares accrochées aux portes et aux fenêtres pour tamiser l'air et le jour, des bronzes d'art encombrant l'appartement, des tableaux de prix couvrant les parois de chaque pièce du parquet au plafond.

Recommencer tout cela, revivre sa vie en la reprenant par ses rudes et aventureux commencements ? Oh ! quelle angoisse ! quelle amertume ! Et surtout quelle énergie il eût fallu pour affronter de nouveau ces horreurs passées !

Donc, c'était fini, sa carrière se terminerait là. Eh bien ! soit ! A quoi bon lutter contre la destinée, quand on se sent vaincu d'avance.

Il crut avoir raisonné juste, parce qu'immédiatement, une fois cette résolution d'en finir ancrée dans son cerveau, il constata qu'une sorte de calme relatif glissait doucement en lui, le reposant momentanément des dures agitations précédentes, et de tous les heurtements indécis qui affolaient jusque-là sa pensée.

Il ne se rendait pas compte que cet apaisement venait, non pas de ce qu'il s'arrêtait à une idée juste, mais bien de l'action même de prendre une décision et de ne plus errer çà et là sans but.

Il en avait assez de s'interroger et de se combattre ; il se ferait sauter comme un marin qui veut échapper à l'ennemi ; la misère ridicule et injuste ne l'aurait pas vivant lui non plus et il trouvait cela hardi, définitif : il serait débarrassé.

L'émotion de cette heure est si vivante dans son souvenir que, lorsqu'il lui arrive d'en parler à un ami, il semble agité par un tressaillement nerveux et ne peut maîtriser un léger tremblement.

La nuit s'avançait. Il entendit les heures sonner à Notre-Dame de Lorette, et, en jetant un coup d'œil par la fenêtre, put constater que les ténèbres étaient profondes, la rue de Châteaudun solitaire et que le Paris laborieux, le Paris travailleur et bourgeois reposait, tandis que ces angoisses agitaient son âme.

L'heure était venue; dehors aucun bruit; c'est à peine si, de temps en temps, quelque fiacre vagabond roulait, ébranlant un moment les vitres sous une course folle qui faisait danser les roues sur le pavé.

En ce moment les pensées suprêmes, celles de la dernière minute, affluèrent en telle quantité à son cerveau que ses yeux se couvrirent pendant un instant d'un voile.

On dit que, dans les instants qui précèdent la mort, toute la vie passée défile une dernière fois dans la pensée de celui qui va mourir. Albert Wolff subissait-il cette influence? Le fait est qu'en récapitulant, à cet instant, toute son existence depuis l'école de Cologne jusqu'à l'écroulement de sa fortune, il se disait que ce n'était vraiment pas la peine d'avoir travaillé pendant trente ans, d'avoir tout espéré, et désespéré de tout, pour aboutir finalement à une catastrophe au sortir d'un tripot.

La faculté de raisonner froidement, de voir juste et net dans sa situation se faisait enfin jour à travers toutes les vacillations de son cœur, à travers tous les troubles de son esprit ; il envisageait clairement, sous sa véritable face, ce suicide dont il venait d'avoir l'attirant et le torturant vertige.

D'autres pouvaient agir ainsi, désespérer, s'abandonner, mais lui, pas, il n'en avait pas le droit ; il devait laisser cela aux imbéciles ou aux véritables désespérés de la vie. Il n'en était pas là, Dieu merci ! Il n'en serait jamais là tant qu'il aurait devant lui une plume, de l'encre, du papier et qu'il pourrait travailler. Le travail seul rachèterait ce moment de faiblesse.

En même temps, un souvenir tout récent monta, s'étalant à travers son cerveau. Un homme venait de se tuer ainsi, d'un coup de revolver dans la tête, un peintre de mérite, un véritable désespéré, celui-là, — Charles Marchal!

Il connaissait bien ce grand et gros garçon, à la mine réjouie, très aimé de tous, et dont le talent lui était fort sympathique; mais il savait aussi que c'était, réduit à la dernière extrémité, n'ayant plus d'argent et se voyant sur le point de devenir aveugle, qu'il avait couru à la mort comme à une délivrance. Celui-là, qui eût pu le blâmer d'en avoir fini avec une existence impossible, perdue, sans espoir pour l'avenir, au moment d'être plongé dans cette nuit de la cécité, plus effrayante que la mort elle-même pour un peintre.

Plein d'une pitié profonde pour ce malheureux, excusant son acte de désespoir qu'il était impossible de prendre pour une lâcheté, reconnaissant que c'était graduellement, comme un homme qui sait ce qu'il veut, que le peintre s'était tué, et non par folie momentanée pour une catastrophe d'argent, le journaliste en arriva à oublier sa propre situation pour ne songer qu'à ce drame tout chaud du 30 mars 1877, qu'à cette tache de sang dont Paris était encore mal essuyé.

Sous cette impulsion nouvelle et généreuse, s'asseyant devant la table où il avait écrit tant d'articles, il commença une *Gazette de Paris* sur le suicide du peintre Charles Marchal.

Mordu par cette démangeaison de l'écrivain qui s'assimile d'autant mieux les faits qui ont quelque ressemblance avec sa propre vie, il s'identifia avec la misère et les tortures morales de l'infortuné. Il revit toutes les phases épouvantables par lesquelles il avait dû passer, quand ses amis les plus chers ne s'en doutaient pas, tellement il sut toujours se montrer à eux le même, enjoué, blagueur, ne dévoilant à personne sa plaie secrète qui faisait des progrès tous les jours et le rongeait sourdement.

Cet article, vibrant de vérité et de souffrance, on peut dire que le chroniqueur l'a fait en quelque sorte avec sa chair et avec son sang, le vivant à mesure qu'il l'écrivait, et passant le reste de cette nuit tragique du mois d'avril à l'écrire.

Nul ne se trouvait dans des conditions plus troublantes pour traiter à fond cette question du suicide et pour la présenter sous toutes ses faces, puisque cette question, il l'étudiait sur

lui-même, ne faisant que raconter ses impressions, ses luttes et ses souffrances.

Le journaliste avait achevé de sauver le désespéré.

Cette nuit entière passée à raisonner cette
grave question de vie et de mort, et du droit
que l'homme peut avoir sur sa propre destinée,
affermit l'écrivain dans sa résolution de racheter sa faiblesse par le travail, de recommencer
laborieusement l'édifice si péniblement écha-
faudé une première fois et de se remettre à la
besogne plus vigoureusement encore qu'auparavant.

Certes, plus il y réfléchissait, plus il se féli-
citait de n'avoir pas donné à ses ennemis la
joie de railler sa mort dégradante, ce coup de
pistolet banal à la sortie du tripot, après avoir
été décavé. Pouah! il y avait là quelque chose
de bas et de répugnant, dont toute la honte lui
soulevait le cœur maintenant qu'il n'était plus
sous la ténébreuse influence des sinistres han-
tises du suicide.

Il était ruiné complètement, c'était vrai! Il
était dépouillé de tous les objets d'art qu'il
aimait, de cette collection qu'il avait mis des
années à assembler, à amasser et dont il se

montrait justement fier, c'était incontestable !
Mais il lui restait encore l'énergie ; à force de
travail il tenterait de regagner tout ce qu'il avait
perdu si sottement, tout ce qu'il avait aventuré
dans cette heure de folie tourbillonnante du jeu.
Ses murs étaient nus, ses appartements déserts,
eh bien ! il les repeuplerait, leur rendant les
richesses regrettées ; il prouverait aux jaloux,
aux envieux, à tous ceux qui guettaient ses défaillances et ses désespoirs, qu'il avait en lui-
même assez de ressort et de confiance pour
lutter encore avec l'adversité comme aux temps
insouciants de sa jeunesse.

XXVII

Le matin, à la première heure, on lui remit
une dépêche de Nice.

De Villemessant se trouvait dans le Midi,
quand il apprit la catastrophe qui venait de
ruiner complètement son collaborateur, le
laissant complètement sans ressources ; craignant que ce coup épouvantable n'eût quelque
sinistre influence sur l'esprit du chroniqueur,
il lui envoyait une dépêche, par laquelle il
l'appelait sans retard près de lui, lui offrant de
venir le retrouver : ils feraient ensemble un
voyage en Italie qui donnerait au décavé le
temps de se remettre des cruelles émotions
qu'il venait d'éprouver et lui permettrait de se
consoler.

Mais déjà Albert Wolff, n'ayant pas cédé à sa première pensée de suicide, ayant réagi contre cette faiblesse passagère, était redevenu maître de lui comme auparavant, et, fortifié par l'article qu'il venait d'écrire, il était bien sûr de ne plus s'abandonner.

Remerciant son rédacteur de sa généreuse pensée, il lui répondit que sa place était à Paris, sur le champ de bataille même où il venait d'être vaincu, que c'était au contraire le moment d'accepter de nouveau la lutte, de combattre plus hardiment que jamais et non pas de se dérober par la fuite aux conséquences de sa défaite.

« Voyez-vous, écrivait-il en terminant, j'aime la France de toute mon âme, de toutes mes forces ; c'est ma patrie de cœur et d'esprit, celle qui m'a fait ce que je suis ; mais il ne faut pas oublier que je suis né en Allemagne et que par conséquent je suis têtu ; la résolution de ne pas sombrer sous le ridicule est bien ancrée dans ce que, dans vos accès de mauvaise humeur, vous appelez *cette tête carrée d'Albert Wolff*. C'est ce qui me sauvera de moi-même, c'est le travail acharné, c'est d'aller de l'avant, plus courageusement qu'auparavant et de refaire la fortune disparue. Je veux bien vivre comme un joueur, mais je veux finir comme un laborieux. »

Le soir, Albert Wolff se rendit au cercle ; il montra une physionomie si tranquille, un calme si complet, qu'on arriva même à douter de l'importance de sa dette au jeu et qu'il étonna ses plus impitoyables détracteurs par sa tenue impassible.

Nul ne se doutait des terrifiantes angoisses qui avaient torturé sa nuit précédente, ni de la victoire qu'il avait fini par remporter sur lui-même dans cette lutte suprême.

Ceux-là seuls qui savent lire entre les lignes, ou qui ont subi les péripéties d'une vie agitée, ont pu trouver dans l'article consacré à la mort de Charles Marchal le secret de ces angoisses. Ils auront deviné, au ton convaincu et vivant de certaines phrases, quelles pensées troublantes et salutaires le suicide du peintre avait remuées dans le cœur de l'écrivain.

XXVIII

Reprenant courage, Albert Wolff rentra en pleine lutte. Après la gazette consacrée à Charles Marchal, une des plus vécues qu'il ait jamais écrites, il poursuivit son labeur au *Figaro* avec cette volonté de fer, qu'il tenait de son père, et dont nous lui avons vu souvent faire preuve depuis son enfance, chaque fois qu'un obstacle sérieux venait lui barrer la vie.

Dans un article du 24 avril, il défend vigoureusement la liberté individuelle et blâme le rôle de la police, à l'occasion de la tentative de meurtre commise, la nuit, sur un élève pharmacien par un client demeuré inconnu et de l'arrestation, faite à la légère, d'un ancien garçon de ladite pharmacie. Il se retrouve là dans son

élément de curieux de la chose sociale et d'indépendant.

Puis le Salon vient l'accaparer tout entier,
lui donnant le prétexte de développer sa thèse
favorite sur l'art libre par opposition à l'art dû
à l'École. Il met vivement en lumière les peintres Jean-Paul Laurens, Bastien Lepage,
Munkacsy, et on le voit attiré par le talent
naissant de Duez et de Cazin.

Il donne même dans la politique, cette politique où ses qualités semblent s'absorber et
s'éteindre, embrumées par cette antithèse de
ses préoccupations habituelles ; cependant on
lui doit la fameuse dénomination du *Parti de
la rue du Sentier*, dont on parle couramment
aujourd'hui.

Nous ne retrouvons ensuite la personnalité
vraie de chroniqueur, que lorsqu'il s'agit de la
mort de Théodore Barrière, de la candidature
politique de Meissonier, de l'exécution capitale
d'Albert et de la curieuse histoire Defodon-
Chevandier de Valdrôme.

Nous passerons rapidement aussi sur l'année
1878, dans laquelle, au mois de mars, il trans-
forme son titre de *Gazette de Paris* en *Courrier
de Paris*, reprenant là une désignation qu'il

avait appliquée en mars 1861 à l'un de ses premiers articles sérieux au *Figaro*.

Indiquons seulement les points saillants, c'est-à-dire l'étude sur les deux amis de collège, Émile Augier et Got, unis de nouveau dans *les Fourchambault*, sur Danval, le pharmacien empoisonneur de la rue de Maubeuge ; les propos d'art sur l'Exposition Universelle, avec son regret de n'y pas voir figurer nos grands artistes morts, Théodore Rousseau, Diaz, Millet, Courbet ; les courriers consacrés à la nécessité d'une réforme de notre code d'Instruction criminelle, relativement à l'innocence de la femme Lerondeau accusée faussement d'empoisonnement ; ceux qui parlent de l'art du comédien et du préjugé bête lui refusant la croix, de Sarah Bernhardt et d'Émile Zola. Notons ici que le doyen de la Comédie-Française, le premier acteur français décoré dans l'exercice de ses fonctions, s'en est souvenu le jour de sa nomination, en écrivant à Albert Wolff une lettre dans laquelle il reconnaissait la part prise par le chroniqueur dans l'abolition de ce préjugé.

Nous avons hâte de concentrer toute notre attention sur l'article lumineux de cette année-là, celui qui nous livre l'écrivain avec sa manière de sentir, son caractère et qui suffit à le juger. Nous voulons parler d'un article paru le 29 septembre, à propos du suicide d'un jeune viveur parisien.

Le sujet est d'une simplicité presque banale ; mais le courriériste du *Figaro* a su en tirer des effets extraordinaires : il n'y a pas de roman plus empoignant. Que ceux qui croient pouvoir contester au journaliste l'art d'écrire, relisent ce Courrier et qu'ils nous disent s'il est possible de porter plus loin la persuasion, l'émotion, l'attendrissement.

Ce n'est pourtant qu'un simple tableau ; mais les livres les plus étudiés n'en diraient pas plus que ces huit courts paragraphes et n'auraient pas une portée plus vraiment humaine, ni plus philosophique. La science des gradations y est en même temps observée avec une curieuse intelligence de la façon dont on doit parler au public pour arriver à son cœur.

Voici comment le chroniqueur a détaillé ce tableau parisien, comme il l'appelle.

— C'est le matin, dans un modeste appartement bourgeois, habité par une mère et par son fils, âgé de trente ans. Une bruyante détonation réveille en sursaut la pauvre femme ; elle se lève, court vers l'endroit d'où est parti le bruit. Dans la cuisine, sur les carreaux, son fils est étendu, baigné dans son sang, foudroyé, tenant encore le chassepot avec lequel il vient de se tuer. La malheureuse devient à moitié folle. Pourquoi ce suicide ? pourquoi son fils est-il mort ? — C'est l'exposition du drame.

— Le courriériste n'a pas à donner le nom du suicidé, une recherche plus élevée le guide ; pour lui, ce jeune homme c'est *le noceur* et il donne une définition très exacte de ce qu'il entend par là.

— Mais celui-là n'est pas le seul, il en connaît bien d'autres sur le boulevard Parisien, bien d'autres dont la fin sera semblable. Tout dégénère : autrefois, à la suite d'une vie de désordres, on allait se faire tuer en Afrique, crânement, en combattant ; aujourd'hui on se tue dans sa cuisine.

— Il a rencontré parfois celui qui vient de mourir ainsi ; il se souvient de l'avoir observé, d'avoir remarqué qu'il semblait acculé, sans ressources, mûr pour le suicide. Sous les éclats de rire, il a découvert le *hoquet de la mort*.

— Il n'écrit pas un cours de morale ; cependant il ne peut s'empêcher de faire sentir que ce malheureux n'est pas un isolé, que son nom est Légion.

— Depuis des années il voit ce groupe turbulent qui brûle la vie hâtivement, sans compter. L'agonie de celui-ci a duré des années, dix ans peut-être ! Leur vie dépend du hasard, d'un coup de cartes, d'un banco.

— Au demeurant, ils ne sont pas tous malhonnêtes ; on peut même les trouver souvent très braves, car un duel ne les effraie jamais : c'est une de leurs ressources pour tenir le haut du pavé et se faire respecter. Comme duellistes aussi ils ont l'occasion de trouver une mort moins honteuse que le carreau de la cuisine. Mais toutes ces tombes n'inspirent au chroniqueur aucune commisération : pour lui, c'est le soldat lâche, qui se tue pour ne pas aller au combat.

— Du reste, en cette occasion, l'oraison funèbre du noceur de trente ans a été à la hauteur de sa vie. Le bruit de sa mort s'est rapidement répandu dans les cabarets à la mode. Nous voici dans un grand restaurant de nuit, à quatre heures du matin ; les garçons dorment, le chasseur est étendu tout de son long sur la banquette ; l'écaillère rêvasse, toute somnolente sur ses coquilles. Une odeur rance emplit la salle principale : seule, une fille maquillée est là, hébétée, à moitié ivre, en face d'un verre de cognac. Le maître d'hôtel lui frappe sur l'épaule. — Hein ? — Elle sursaute. — Tu sais bien, Chose ? — Oui. — Il s'est tué ! — La fille pâlit, ouvre des yeux démesurés ; des larmes emplissent ses paupières, et, lentement traçant un sillon dans le blanc gras et la veloutine, une d'elles tombe dans le petit verre ! Voilà l'oraison funèbre du noceur ! Il n'a pas droit à de plus nobles regrets. —

Assurément, ce n'est qu'un article, peut-être pas quatre cents lignes, mais c'est un résumé complet, vivant, d'un coin de vie parisienne ; rien n'y manque, ni l'idée philosophique, ni la pointe sociale, ni l'esprit, ni le sentiment. Là, plus que jamais, même sous la tournure de certaines phrases, encrassées de blague boulevardière, se retrouve pure et touchante cette fleur de sentiment qui est enfouie au fond, tout au fond du cœur de cet enfant du Rhin. C'est le grand ému des Contes de sa jeunesse, vainement cuirassé et blasé en apparence par les années de vie à Paris.

Il semblerait même qu'il ait senti plus vivement que tout autre la plaie terrible de ce suicide, lui qui, l'année précédente, à la suite d'un moment de défaillance morale et physique, avait eu sur le front l'impression glaciale de ce souffle de mort désespérée. Il y avait là comme un frisson âcre du souvenir et un ressentiment personnel contre le suicide survenant dans de semblables circonstances.

C'est en relisant de pareilles chroniques que l'on peut se convaincre des raisons irrésistibles qui ont assuré la grande vogue et la puissance du rédacteur du *Figaro*.

Plus tard, il trouvera également de très beaux élans, notamment pour la mort de Daumier, qu'il a connu autrefois au *Charivari* ; c'est à son sujet que, rappelant Corot, Millet, Diaz et d'autres, il lance ce cri de sincère admiration : « Ah ! que les grands artistes sont donc vraiment de grands cœurs ! »

Ensuite, il écrit, à propos de l'anniversaire de la mort de son compatriote Henri Heine, dont la tombe est au cimetière Montmartre, un de ses plus délicieux Courriers. On sent qu'il parle avec passion et respect de celui dont l'œuvre fut son Évangile littéraire, et il chante ses louanges, il rappelle ses souvenirs avec un cœur profondément attendri.

Rappellerons-nous, en plus de son Salon annuel, le fameux Courrier consacré à Mme Musard, un tableau parisien brossé de main de maître, celui sur le prince Citron, sur d'autres encore?

Il en faudrait trop citer, et nous préférons appeler les yeux sur une série de quatre articles de couleur toute spéciale, qui ont été donnés par le *Figaro* sous le titre de *Voyages dans Paris*, comme étant extraits d'un livre en préparation.

Cette nouvelle manière du chroniqueur rappelle certaines études qu'il a faites autrefois sur la police anglaise ; mais ici l'intérêt est bien plus grand. Il est à souhaiter que l'écrivain donne suite à ce curieux travail et nous fasse connaître les chapitres qui doivent venir compléter les quatre fragments ainsi intitulés :

1º *Le cabaret de la rue Galande ;*

2º *Le cabaret « Au père des Lunettes » et le garni de la rue Maître-Albert ;*

3º *Le défilé au dépôt ;*

4º *La journée du chef de la police de sûreté.*

Ce serait un livre précieux à plus d'un titre pour connaître certains côtés de nos mœurs

intimes et de notre histoire contemporaine.
Nous espérons que, dérogeant pour cette fois
à ses habitudes, Albert Wolff fera paraître en
librairie cette étude sur Paris.

En 1880, nous verrons de lui des articles intéressants, où souvent réapparaissent les figures des camarades de ses débuts dans le journalisme, comme Ernest Blum, Henri Rochefort;
à ce propos, nous devons constater la manière
dont le chroniqueur arrivé parle de tous ceux
qui avaient déjà un nom dans la Presse, quand
il y fit ses premières armes.

En effet, une chose remarquable chez le
Courriériste parisien, c'est l'admiration profonde, sincère et continue qu'il a conservée
pour tous ces hommes qui ont ébloui ses yeux
de leur gloire, au moment de ses débuts dans
la Presse.

Dans toutes les chroniques où il parle d'eux,
il le fait toujours avec le même enthousiasme ardent de sa jeunesse, avec le respect louangeur
d'autrefois. On dirait que par quelque phénomène bizarre, leur optique ne se soit jamais dé-
placée pour lui; il a eu beau monter peu à peu,
beau affermir sa manière, agrandir son influence,
arriver à l'égalité du talent, pour lui, ces écri-

vains qu'il avait admirés, étant jeune, qu'il avait placés dans une sorte de tabernacle inaccessible, sont toujours restés sur l'autel, objet de tous ses désirs, de tous ses vœux, sans qu'il ait pu admettre qu'il les avait atteints et souvent dépassés.

Ce respect des anciens, cette admiration saine de ceux qui lui ont semblé autrefois des modèles dans un genre qu'il s'efforçait d'imiter, se retrouvent dans tous ses écrits, dès qu'il lui est nécessaire de rappeler ses débuts.

Les princes de la critique, les princes du journalisme, comme il les appelait alors, restent encore pour lui ce qu'ils étaient à cette lointaine époque. Jamais il ne trouvera pour parler d'eux que des éloges, encore tout vibrants de jeunesse.

Auguste Villemot, Jules Noriac, Nestor Roqueplan, Jouvin, Jean Rousseau ne reviennent dans ses chroniques qu'entourés de louanges convaincues; c'est sans jalousie, sans esprit envieux, qu'il aime à rappeler les brillants faits de plume d'Aurélien Scholl, de Francisque Sarcey, d'Edmond About, de Charles Monselet, d'Albéric Second et de tous ceux qui bataillaient si allègrement au *Figaro*, lorsqu'avec toutes ses timidités de débutant et d'étranger, il aspirait seulement à y entrer.

A cette sincérité, à cette conviction, il doit la croissante influence de ses articles. Jamais il n'a su se défendre d'une anxiété terrible, d'une peur de nouveau venu, une fois son Courrier terminé. On a dit que la crainte de Dieu était le commencement de la sagesse ; la crainte de l'opinion publique est l'un des garants assurés du vrai talent.

Tout ce qu'on fait sous cet étranglement nerveux est forcément soigné comme une ciselure d'art, fait et refait avec d'amoureuses tendresses ; on ne l'abandonne qu'à regret, en fermant les yeux, en se l'arrachant des mains pour ne plus y donner de retouches, avec des transes aussi fortes que le jour où on a lancé au public ses premières lignes.

Cette incertitude, cette non satisfaction de soi-même, il est curieux de la retrouver au même degré chez tous ceux, artistes ou écrivains, dont le talent affirmé semblerait devoir les défendre de semblables inquiétudes. Eh bien! pas du tout, le journaliste tremble toujours de ne pas réussir aussi bien que la dernière fois, de faire mauvais, de céder à la las-

situde, à quelque chose d'ignoré, à quelque
chose qu'il n'aura pas vu, pas senti, et qui fera
croire à ce public à l'affût de toute défaillance
que la décadence approche.

Que le chroniqueur si goûté se rassure ; tant
qu'il écrira ses articles, comme il les écrit,
c'est-à-dire avec tout son être, en s'y mettant
tout entier ; tant que son âme se montrera vibrante, souffrante ou exaltée, il pourra conserver la certitude du succès. Le succès va toujours à ce qui est senti et vécu, à ce qu'on écrit
avec l'enragée conviction de tout son être, en
y laissant de son sang et de son cerveau. Or,
tous les articles du chroniqueur qui portent sur
le public sont ceux qu'il a faits avec son cœur,
et non pas seulement avec son cerveau. Dans
ceux-là on devine que le sujet le possède tout
entier, le travaille, le tracasse, l'obsède. Ce
qu'il a écrit sous cette influence, il serait prêt à
le soutenir envers et contre tous, n'ayant pas
tracé une ligne qui ne soit l'exacte reproduc-
tion de son intime pensée.

Nous ne comptons de lui que les chroniques
faites dans ces conditions-là : — les autres
n'existent pas au point de vue de la critique et
de l'observation.

XXIX

Ce qu'il y a surtout à redouter avec le journalisme, ce sont les facilités qu'il offre aux emportements de la pensée et de la plume. Or, le chroniqueur parisien n'est pas exempt de ce dangereux défaut : souvent il écrit sous l'impression du moment, tout à son idée, avec la fougue de la passion, sans avoir longuement pesé
son article, sans en avoir calculé la portée.

Le résultat peut en être excellent ou détestable, suivant que le point de départ a été juste
ou faux. Malheureusement, une fois l'article
écrit, tiré à cent mille exemplaires et lu par un
million de lecteurs, il est trop tard pour en effacer l'effet : la plume du chroniqueur, cette
plume dorée, comme la nomme si justement

Alphonse Daudet dans sa préface de *Jack*, n'a pas la vertu de la lance d'Achille et ne saurait guérir les blessures qu'elle fait.

Mais, où ce défaut a atteint chez lui son maximum d'intensité, c'est le jour où, sous l'influence d'un de ces emballements dont nous venons de parler, il a eu la néfaste idée de remplacer ses articles si consciencieux sur le Salon, par une sorte de guide hâtif fait en courant. Il sacrifiait ainsi à la fois au goût du jour, ce déflorement à la vapeur de tout ce qui est amusement ou spectacle, et à un certain découragement produit par la trop grande quantité d'œuvres médiocres reçues à l'Exposition. Ce découragement, nous ne saurions l'admettre.

Ce jour-là Albert Wolff a porté un coup terrible à la critique, comme il avait autrefois porté un préjudice énorme au livre ; mais ici la chose est plus grave, moins excusable, moins justifiable.

C'est en 1880 qu'il a commencé, et depuis, nombre de ses confrères l'ont suivi dans cette voie déplorable à tous les égards ; nous soutiendrons énergiquement qu'il n'avait pas le droit, avec son influence prépondérante, indéniable, d'agir ainsi, et que nous eussions préféré une complète abstention à ce mode de procéder. Un critique d'art ne doit pas exécuter sommairement même une mauvaise œuvre ; il ferait mieux de n'en pas parler que de la massacrer d'un mot, sans discussion, sans étude sérieuse, sans jugement.

C'est donc surtout en étudiant Albert Wolff comme Salonnier que l'on peut se rendre largement compte de cette vérité, que ce qui est bon pour une chose ne l'est pas toujours pour une autre, et que le procédé concret, synthétique, employé avec une si incontestable puissance par l'écrivain dans ses chroniques, donne les plus fâcheux résultats lorsqu'il l'applique à la critique d'art.

La critique d'art n'est nullement une chose aisée ; c'est au contraire une étude longue, minutieuse, complexe et extrêmement délicate, nécessitant la condensation de toutes les facultés et un examen méticuleux, approfondi.

C'est avec peine que nous voyons un écrivain, de la valeur de celui dont nous nous occupons en ce moment, céder à l'actualité, aux pressantes gourmandises de la curiosité publique, et jeter en pâture à la foule ces fameux *Figaro-*

Salon qu'il a créés, et qui ne sont qu'une grossière ébauche de critique.

Pourquoi un homme, possédant la puissance persuasive du Salonnier sur le gros public, emploie-t-il avec tant de légèreté une arme qui, dans certains cas, peut devenir terrible ? Ne met-il pas en effet à la portée de chacun ces jugements tout faits, dont le badaud ignorant s'empare avec joie, qu'il s'assimile malheureusement sans discussion, tout heureux de n'avoir pas la peine de juger lui-même ! Et si ces jugements ainsi bâclés sont erronés ?

Est-il bien sûr de n'avoir pas plus d'une fois avancé une opinion exagérée, pour s'être contenté ainsi de la première impression subie par l'œil et jetée sur le papier, en courant, subissant soit l'effet, au premier abord désagréable, d'un mauvais assemblage de tons, soit la répulsion d'un sujet ou d'une époque en contradiction avec sa manière de voir ! Le tableau souvent jugé et condamné de cette façon sommaire n'a-t-il pas, quelquefois, des qualités capables de compenser ses défauts, qualités qu'une étude plus laborieuse ferait découvrir ?

Voilà l'écueil de ces Salons complets donnés

le jour de l'ouverture de l'Exposition et dont la
mode tend malheureusement à se répandre,
comme celle des critiques dramatiques fabri-
quées, la nuit même qui suit la représentation,
sans que l'esprit ait eu le temps de s'assimiler
suffisamment la pièce et de raisonner de sang-
froid. Tel est l'incontestable et réel danger
d'appliquer tous les sujets au procédé de la
Presse au jour le jour, et d'étendre sur ce lit
de Procuste du journalisme ce qui devrait en
être soigneusement écarté, pour conserver sa
forme sévère, consciencieuse et logique.

Mais l'esprit journaliste amène d'autres conséquences tout aussi regrettables, quand on
voit sacrifier sans pitié certains tableaux au
plaisir facile de faire un bon mot ou d'avancer
une plaisanterie plus ou moins spirituelle.

Pouvons-nous classer dans la critique d'art le
compte rendu de quelques toiles, crevées
sans pitié par la pointe blagueuse d'un mot
aiguisé? Certes, l'art de la critique, ainsi compris, devient une arme bien dangereuse entre
les mains d'un juge autorisé, en France surtout,
où le ridicule ne trouve pas de défenseurs, et
c'est le rabaisser que de le rapprocher ainsi de
la caricature.

Le procédé de Théophile Gautier, auquel on reprochait de s'oublier dans la description des tableaux, au lieu de critiquer, et d'égarer sa plume dans le prestigieux papotage des couleurs remuées et papillotantes, au lieu de juger, nous semble encore préférable à la mode cruelle et impitoyable des jeux de mots.

Le Salonnier nous objecte que sa tâche est rendue tellement difficile et écœurante par l'absurde quantité de toiles entassées dans les Expositions annuelles du Palais de l'Industrie, qu'il s'en débarrasse au plus tôt.

Peut-être accepterions-nous une pareille raison donnée par un critique sans importance, et encore ; mais, justement à cause de l'énorme publicité du *Figaro* et de l'immense portée de tout ce qui est signé Albert Wolff, nous nous élevons de toutes nos forces contre cette vulgarisation précipitée de sa critique. Qu'il ne s'occupe que d'une toile ou deux par salle, si cela lui plaît, mais qu'il leur consacre le même soin qu'aux critiques qu'il nous donne sur les Expositions particulières faites dans le courant de l'année. Toute œuvre sérieusement faite mérite une critique sérieuse, et il vaut mieux la citer sans appréciations d'aucune sorte, que de la jeter à la mer avec une plaisanterie en guise de pavé.

Maintenant, sur quoi l'autorité du critique est-elle assise ?

La nier est impossible ! Si les artistes font des réserves sur les jugements d'Albert Wolff, le public, lui, les accepte comme paroles d'Évangile ; nous savons des cas où un tableau à peu près acheté par un amateur, a été refusé par l'acquéreur parce que le rédacteur du *Figaro* n'avait pas trouvé la toile à son goût. D'un trait de sa plume il peut faire beaucoup de mal, car le gros des visiteurs du Salon le suit aveuglément.

Cette confiance, que le journaliste inspire à ses lecteurs, repose d'une part sur sa connaissance réelle des choses artistiques, mais plus encore sur l'audace avec laquelle il a inauguré un nouveau système.

Jadis, les critiques d'art ne s'occupaient que de la valeur de l'ouvrage ; Wolff, avec un aplomb imperturbable, entre au Salon, passe les œuvres en revue et distribue sur l'heure les médailles ; il dit : telle statue et tel tableau auront la médaille d'honneur, tel autre ouvrage remportera le prix du Salon.

Puis il se met en campagne, suit les courants qui s'établissent parmi les jurés ; si son favori perd du terrain, aussitôt paraissent de nouveaux entrefilets de combat. On ne peut lui refuser un flair extraordinaire pour la distribution des récompenses.

Ainsi, une année, en 1879, il aperçoit, à la sculpture, le beau groupe de Réné de Saint-Marceaux, *Génie gardant le secret de la tombe*. Il décide en lui-même que celui-ci aura la médaille d'honneur de la sculpture et pas un autre. L'artiste est encore jeune ; qu'importe au critique qui se passionne et s'enflamme : il ne s'agit pas de l'âge du sculpteur, mais de son œuvre. Cinq ou six fois, dans le courant du Salon, il reviendra sur son idée, comme s'il craignait de succomber.

En même temps il apprend qu'une partie du jury voudrait donner la médaille d'honneur de la peinture à Carolus Duran, mais qu'on hésite à la décerner à un portrait. Aussitôt il publie un entrefilet virulent, dans lequel il combat ardemment pour le portrait, démontrant son importance ; il passe de Holbein et Albert Durer à Léonard de Vinci, cite Rubens, Velasquez, Van Dyck, s'appuie enfin sur David et sur Ingres pour prouver que le portrait est une des manifestations les plus intéressantes de l'Art.

Il fit si bien qu'on vota les médailles d'honneur à ses deux préférés, non pas parce qu'il l'avait voulu, mais parce qu'avec son intuition curieuse, il avait deviné que finalement on n'aurait pas pu les donner à d'autres.

De semblables triomphes pour le critique sont complets, le public se figurant que Wolff fait voter le jury à son gré, tandis que, en réalité, il devance seulement une décision certaine. Il faut reconnaître aussi qu'il combat avec une rare ténacité pour ce qui lui semble intéressant, se jetant à l'eau au besoin pour faire triompher ses candidats : leur échec en effet amoindrirait le critique d'art qui les patronne. Albert Wolff semble se soucier peu de ces détails, continuant à aller de l'avant, et, comme la fortune sourit aux audacieux, elle se range presque toujours de son côté.

Nous trouverons un autre point d'appui, pour l'autorité du critique devant le public, dans l'attention avec laquelle il suit les jeunes. Sa manière de faire ne varie jamais : traversant le Salon, après avoir sabré en dix lignes un tableau de maître, il se plante en face de la toile d'un inconnu qui le surprend, le cite en tête de son Salon et fait sa réputation sur le champ.

Comme exemple de ce que nous venons de dire, nous citerons le cas du sculpteur Suchetet.

Le Salon de 1880 venait d'ouvrir ; personne ne remarquait la *Biblis* ; Albert Wolff aperçoit cette figure, l'examine et finit par apprendre que c'est le premier envoi d'un jeune artiste, dont nul n'a encore parlé.

« Il est jeune, raison de plus pour s'occuper de lui ! » s'écrie le rédacteur du *Figaro* tout haut devant ses amis. « Il aura le prix du Salon. »

Le lendemain, en tête de son article sur la sculpture ; il parlait de la *Biblis* avec enthousiasme ; les artistes viennent et confirment son opinion ; la foule court à la figure signalée : M. de Rothschild commande le marbre à l'auteur : voilà un jeune homme tiré d'affaire, grâce à quelques traits de plume.

Tout cela, du reste, n'avait tenu qu'à un hasard. Le sculpteur saisi par la maladie, après avoir terminé son plâtre, ne pensait plus à l'Exposition, égaré par une fièvre terrible ; et c'était Paul Dubois qui, se souvenant du malheureux, et pris de pitié pour lui, avait fait transporter à temps sa figure au Palais des Champs-Élysées.

Suchetet, que Wolff ne connaissait pas et dont il ignorait la position pénible, était encore alité et fiévreux, quand on lui apporta l'article du *Figaro*. Tout grelottant, le malade se traîne jusqu'à la rue, se hisse dans un fiacre et vient, les yeux remplis de larmes, remercier le journaliste.

Un mois après, Suchetet remportait le prix du Salon et pouvait aller achever sa guérison en Italie, chargé de commandes.

De tels succès de plume donnent une singulière autorité au critique.

Ce qui l'augmente encore, c'est qu'Albert Wolff appuie son dire par l'achat des œuvres qui lui plaisent ; il n'a pas plutôt découvert le peintre Raffaelli, à l'Exposition des Intransigeants, que, tout en lui consacrant un article entier, il lui achète trois de ses œuvres, qui ornent aujourd'hui son Salon, et crie aux amateurs :

« Voilà un jeune, voilà un nouveau : faites-le entrer dans vos collections. »

Puis, lorsque son protégé s'arrête en route, le critique lui dit :

« Vous savez que j'ai pris, devant mes lecteurs, l'engagement que vous seriez un grand artiste. Pas de bêtises ! Et si vous vous endormez dans les délices du succès que je vous ai fait : gare la bombe ! Je vous flanquerai un article de trois colonnes pour vous ramener à la réalité. »

On sait, par plusieurs exemples, qu'il est parfaitement homme à tenir parole : cela rentre même tout à fait dans son tempérament.

Ce qui a toujours beaucoup intrigué les curieux, réduits à se contenter de cancans, de racontars et d'histoires à dormir debout, c'est de savoir comment Albert Wolff parvient à publier son Salon le jour même du vernissage.

On a été jusqu'à dire que des artistes lui donnaient des notes : c'est une injure gratuite qu'on fait planer sur les membres du jury, et une erreur absolue, la forme toute personnelle des articles du critique donnant un démenti à pareille assertion.

Les moins méchants ont pensé que le rédacteur du *Figaro* allait voir les tableaux dans les ateliers. Cela est facile à réfuter par le témoignage même des intéressés, la vérité étant qu'on ne le voit jamais chez les artistes, excepté dans la maison de trois ou quatre amis intimes.

Avant le Salon, il est sollicité de toutes parts et prié de venir voir les tableaux chez les peintres; mais il refuse toujours, parce qu'il veut garder sa liberté d'appréciation pour l'ouverture de l'Exposition. Comment alors peut-il arriver à faire ce Salon sommaire que nous lui reprochons au point de vue de l'art, mais qui n'en est pas moins un tour de force?

Il est inutile de chercher à savoir de lui-même ce secret; il ne répond à toutes les questions que par un sourire aussi irritant que discret. Mais voici une histoire authentique, que nous tenons d'une source absolument sûre, et qui ouvrira le champ aux plus amusantes hypothèses.

Il y a trois ans, Albert Wolff, accompagné de M. Antonin Proust, se présentait au Palais de l'Industrie, deux jours avant le vernissage; M. Turquet, alors sous-secrétaire d'État, vint recevoir les visiteurs et, naturellement, laissa entrer M. Proust, mais il dit au journaliste :

« Il m'est impossible de vous permettre d'entrer avant après-demain. Je ne veux pas me brouiller avec toute la Presse.

—Je comprends parfaitement cela, répondit le critique d'art, aussi me bornerai-je à vous demander un petit service.

— Lequel ?

— Il y a dans la salle 6, sur le panneau de droite, deux vues de Venise d'un peintre nouveau, dont je n'ai pas retenu le nom. Voudriez-vous avoir la bonté de me le faire donner par un de vos employés?

— Mais comment savez-vous ?... demanda le sous-secrétaire d'État surpris.

—Je sais tout, même qu'on a déplacé la toile de M. Bonnat, qui était dans la salle 8 et doit se trouver à cette heure dans la salle 9 sur le panneau de gauche. Je verrai cela tantôt....

— Comment, vous verrez? Puisque vous n'entrerez pas!

— J'y serai dans une heure. »

Albert Wolff y fut en effet, sous un déguisement d'ouvrier; il aida même ses *camarades* à placer des toiles. En sortant, il dit au concierge, après avoir ôté sa blouse :

« Vous pourrez dire de ma part à M. Turquet que je ne reviendrai plus; c'est trop fatigant. »

XXX

Après avoir relevé encore une très poignante
chronique sociale, au sujet d'une mère séparée
de ses enfants, un Tableau parisien vu dans un
hôtel sur les bords du Rhin et l'article si douloureux pleurant la mort de son regretté ami
Jacques Offenbach, son grand Jacques de la
rue de la Cloche, à Cologne, nous n'avons
plus qu'à constater la marche assurée du chroniqueur.

Désormais, c'est d'une plume sûre qu'il
aborde et résume toutes les grandes questions
que les hasards de la vie de Paris viennent in-
cessamment lui offrir, comme pour fournir à
son esprit un aliment toujours varié et toujours
renaissant: autant de mois, autant de sujets

palpitants, autant de problèmes sociaux, dont la solution est âprement cherchée par l'écrivain, qui se tient toujours en évidence sur la brèche. Il peut encore se tromper, avoir des emportements à faux, des réveils bouillants quand une thèse animée se présente, mais les courriers sérieux dominent, augmentant le bagage important du journaliste, achevant d'assurer son influence et d'étendre son autorité.

Du reste, les sujets attirants ne lui manquent pas, qu'il s'agisse de quelque nouvelle œuvre des deux grands maîtres du roman moderne, Alphonse Daudet et Émile Zola, de la folie d'André Gill, des premières années de Massenet, de la question des Prix de Rome, du *Parsifal* de Wagner ou des Fenayrou.

Rappelons qu'à ce moment il eut l'honneur, avec Francisque Sarcey, dont la conférence à ce sujet eut un vif retentissement, et Jules Claretie, de fouetter de sa cinglante lanière de chroniqueur la littérature purement obscène, présentée hypocritement au public, sous les faux semblants de l'esprit gaulois et du retour aux bons contes de nos vieux français, Rabelais, Brantôme et autres.

Le grand journal, qui avait trouvé ce moyen

commode de se lancer, et qui ne se doutait pas
qu'il allait ouvrir la porte à une véritable ruée
de placards immondes et de libelles pornogra-
phiques, se sentit si vivement touché qu'il chargea un de ses plus habiles chroniqueurs de répondre au rédacteur du *Figaro,* en le citant à
la barre de son tribunal, en un article tragi-co-
mique fort bien troussé.

Dans un ordre d'idées tout différent, il nous
paraît curieux de relever deux des chroniques
du Courriériste parisien, mais à un point de vue
tout particulier, celui de la susceptibilité dans le
journalisme.

Certes, c'est avec l'enveloppement adoucis-
sant des formules les plus admiratives et les
plus sincèrement louangeuses que le Courriériste reproche à notre cher maître, Alexandre
Dumas fils, sa susceptibiilté d'épiderme à
propos d'une piqûre d'épingle du *Figaro* précédent.

En cette circonstance, Albert Wolff attaque
tort spirituellement Alexandre Dumas et sa *Gazette de Hongrie;* mais n'a-t-il pas songé que
son mordant article pourrait facilement être re-
tourné contre lui.

Le chroniqueur parlait là sous le coup d'une

impulsion vive de journaliste, dont l'esprit est frappé par la lumière crue d'une idée et qui répond du tac au tac avec la prestesse irraisonnée d'une lame d'épée heurtée par la lame adverse.

Que le maître se soit montré trop susceptible et ait attaché trop d'importance à un aiguillon qu'il eût dû dédaigner, cela ne fait aucun doute pour personne, pas même pour lui, une fois la première irritation calmée ; mais ce que nous voulons prouver ici, c'est que nul d'entre nous ne peut se vanter d'échapper à l'un de ces mouvements de mauvaise humeur, soit à cause d'une disposition chagrine et momentanée, soit pour quelque raison physique ou physiologique.

Ainsi, Albert Wolff, en cinglant aimablement Alexandre Dumas des multiples et fines lanières de son article, oubliait complètement ce qui lui était arrivé à lui-même dans deux cas assez récents.

Le premier, c'est lorsqu'en réponse à une lettre venue de la Villa Médicis, de cette Académie française de Rome, que le chroniqueur, à tort ou à raison, mais sans jamais avoir varié sur ce chapitre, ne cesse d'attaquer, il a écrit cette phrase :

« *Je discute quelquefois avec les maîtres, mais avec les élèves, jamais !* »

Sans doute, nous comprenons parfaitement la pensée qui lui faisait écrire ces mots, destinés à ne pas éterniser une discussion, à clore brusquement, voire même brutalement, une polémique qui eût pu l'entraîner fort loin et accaparer son temps. Il n'en est pas moins vrai que, dans cette circonstance, le chroniqueur remplaçait la discussion par le coup d'assommoir et terminait l'affaire en flanquant sa porte au nez de ses contradicteurs.

Ce n'est certes pas à nous d'apprendre à Albert Wolff qu'à toute époque, en tout temps, les maîtres ont au contraire invité les élèves à discuter, soit pour mieux les convaincre, soit pour s'éclairer eux-mêmes dans leur modestie exagérée et honorable de maîtres, c'est-à-dire d'êtres supérieurs par le génie, le talent ou simplement l'esprit.

Sa phrase sent trop son journaliste et a des allures fâcheuses de mot de la fin, que son auteur aurait de la peine à défendre sérieusement.

Du reste, il en a tacitement convenu lui-même, une fois la première émotion calmée, en écrivant quinze jours plus tard, un nouvel article sur cette grave et complexe question des prix de Rome, attaquée et défendue par les hommes les plus éminents, et ayant autant de bons arguments contre elle que pour elle.

Dans l'autre cas, peut-être moins justifié, où Albert Wolff s'est, à notre avis, montré plus susceptible encore, avec moins de raison de l'être, c'est dans son Courrier sur Émile Zola et sur ses élèves.

Cet article a été fait sous le coup d'une irritation très vive, irritation justifiée par l'attaque imméritée et injuste d'un des plus fervents disciples de Zola. Qu'Albert Wolff se soit adressé directement à celui qui l'outrageait, nul n'y eut trouvé à redire : c'était de bonne guerre. Mais où sa colère s'est égarée, c'est en le poussant à attaquer Émile Zola lui-même, parfaitement en dehors de la querelle ; car il faudrait vraiment ne pas connaître le romancier pour le croire capable de confier à un autre le soin de dire ce qu'il pense : cela ne supporte pas l'examen, l'auteur des *Rougon-Macquart* ayant ameuté trop d'ennemis contre lui par ses habitudes de franc-parler pour qu'on pût le laisser sous un pareil soupçon.

En rendant Zola responsable de l'article injurieux écrit par un de ses élèves, Albert Wolff s'est complètement trompé ; la réponse très logique et très sensée du romancier a dû faire revenir le chroniqueur sur son attaque.

Nous négligerons volontairement les allusions glissées, de part et d'autre, dans l'attaque et dans la réponse, en regrettant que les deux écrivains aient cédé à un pareil mouvement de colère et aient mêlé le public à cette petite querelle intime, qui, du reste ne les empêche pas de se tendre la main comme deux hommes qui ont été sur le terrain.

Nous ne rappelons ici ces faits que pour indiquer les points faibles de cette existence du journaliste toujours en vue et qui, souvent, dans la griserie d'un article qu'il sent et dont il se délecte, oublie les défaillances humaines qu'il a pu avoir tout comme un autre.

Quel est donc l'homme, l'artiste, l'écrivain, qui pourrait affirmer qu'il n'a jamais cédé ou ne cédera jamais à l'un de ces mouvements de colère subite ! Croyez-vous donc que le chroniqueur parisien lui-même ne se laissera pas aller au plaisir de cingler celui qui l'a si violemment attaqué ? Allons donc, nous n'en voulons pour preuve que certain article où, ayant à citer son nom, il le remplace par le pseudonyme gouailleur : « M. Jenesaiqui. » Mais là il s'adresse à son véritable adversaire et nul ne lui contestera ce droit.

Si donc, vous, journaliste, habitué depuis vingt-cinq ans à la bataille quotidienne, vivant en pleine fournaise, toujours au milieu des coups donnés et reçus, cédez à un instant d'ombrageuse susceptibilité, reconnaissez le même droit à un de nos plus grands auteurs dramatiques, à une de nos gloires françaises.

Enfin, pour clore la longue liste des Courriers du chroniqueur parisien, nous citerons, comme étant l'un de ses plus remarquables, celui qu'il a consacré à Léon Gambetta.

Cet article, qui a eu un énorme retentissement en France et à l'étranger, méritait de faire sensation par son élévation, par son dégagement de toute préoccupation politique, par sa vigoureuse indépendance.

En l'écrivant, Albert Wolff accomplissait un devoir d'ami et de consciencieux admirateur du grand patriote trop tôt disparu. Il l'a fait simplement, en un style bien personnel, ce style dont on pourrait dire ce que lui-même disait de celui de Labiche : « *Son style n'est pas d'une pureté académique dans le sens vulgaire du mot, mais il est personnel, il est l'expression d'une individualité.* »

Selon son habitude, il ne se préoccupa pas de la couleur du journal où il traçait ce magnifique éloge de celui qu'il avait connu jeune et avec lequel il n'avait plus échangé de serrement de main que onze ans après la guerre. Il écrivait, avec l'indépendance habituelle qui est le point saillant de son caractère, ce qu'il pensait de Gambetta et nous ne connaissons pas beaucoup de choses aussi émouvantes que le premier paragraphe de cet article.

XXXI

Cette étude approfondie sur le journalisme contemporain et sur le chroniqueur parisien ne saurait être complète, si, après avoir aussi longuement parlé de celui qui a achevé de transformer la Presse en une puissance sans rivale et rénové l'art de la chronique, déjà poussé si loin avant lui par son maître, Auguste Villemot, nous en restions là.

Il est nécessaire que nous nous occupions en quelques lignes, des jeunes qui viennent rayonner autour du grand maître chroniqueur, de ceux qui représentent l'avenir de la Presse à informations.

Nous n'avons pas à étudier en ce moment ceux qui, à des titres différents de ceux d'Albert Wolff, occupent les plus hautes positions dans le journalisme, soit au point de vue littéraire, soit au point de vue politique, soit à tout autre point de vue. Leur tour viendra dans d'autres ouvrages ; nous pourrons alors parler à loisir d'Edmond About, de Francisque Sarcey, d'Aurélien Scholl, de Charles Monselet, de Pierre Véron, d'Ignotus, de Henri Rochefort, de Louis Veuillot, de Paul de Cassagnac, de Henri de Pêne, de Henry Fouquier, de tous ceux qui donnent au journal sa vie et sa force depuis si longtemps.

Avant tout, nous nous empressons de dire que nous ne voulons établir ici aucune comparaison entre Albert Wolff et ses confrères. Assurément si le rédacteur du *Figaro* disparaissait, la chronique ne serait pas morte ; mais il disparaîtrait en même temps de la chronique une note personnelle que nous avons bien souvent indiquée chez lui, note caractérisée surtout par des accès d'émotion profonde et sincère.

Dans la jeune école parisienne, nous ne retrouvons rien de semblable, rien qui en approche ; au contraire, entravant tout élan, arrêtant les effets au cerveau et les empêchant d'aller jusqu'au cœur, la sécheresse y domine, le scepticisme y déborde, envahisseur, contagieux, s'étalant partout.

Parmi les jeunes, le plus en vue, c'est le rédacteur de l'*Événement* qui signe Léon Chapron et qui est entré dans la carrière par l'entremise d'Albert Wolff.

D'autres semblent vouloir se montrer, mais avec moins d'ampleur et un talent moins affirmé, moins personnel que celui de Léon Chapron ; nous citerons MM. Alexandre Hepp, dont la spécialité sont les nerfs parisiens, Octave Robin, Emile Villemot, Gabriel Guillemot, Octave Mirbeau, Georges Duval, Edmond Deschaumes, Félicien Champsaur, etc., etc.

Quelques-uns semblent écrire des chroniques, mais ne sont en réalité que des conteurs de nouvelles ou des ciseleurs d'études, Catulle Mendès, Guy de Maupassant, Réné Maizeroy, Armand Silvestre etc., etc., de purs littérateurs, des poètes exquis, des romanciers, tous écrivains d'un tempérament absolument contraire à celui du véritable chroniqueur.

Enfin, au-dessous, s'agite toute une cohue de jeunes journalistes que rien ne distingue encore, mais qui ont déjà toutes les ambitions, toutes les avidités, et se croient permis de traiter sur le pied d'égalité, sous prétexte qu'ils appartiennent à la Presse, des écrivains qui ont mis vingt ou trente ans à arriver à la position acquise aujourd'hui.

Ceux-là, nous ne saurions, jusqu'à nouvel ordre, croire en leur avenir.

Jusqu'à présent, ce qu'ils voient en rêve, c'est beaucoup d'argent rapidement gagné pour beaucoup s'amuser, ce sont les lignes grassement payées pour mener la haute vie, souper au cabaret avec les filles à la mode, et stupéfier le public.

De la littérature, de leur art si délicat et minutieux, si troublant et si troubleur, ils font une brutale arme de guerre, sans se préoccuper du sel gaulois, de la monnaie courante d'esprit parisien ou de la langue, de la thèse sociale ou littéraire à soutenir hautement; ils n'ont qu'un but, taper fort pour qu'on entende de partout. Ils soulèvent les cris, les holà! Le tapage dure une demi-seconde, puis tout est dit, rien n'en reste que le souvenir d'un pavé lancé en pleine eau dormante. Le pavé englouti, les dernières rides circulaires évanouies, l'eau reprend son calme plat, inexorable.

Et il en est un peu de ceux-là comme de ceux qui cherchent à suppléer, dans le roman, au creux de la phrase, au vide de la pensée, à l'inanité des ressources, par des mots impossibles, des emprunts au vieux français, des entortillements compliqués qui ébahissent un moment le lecteur, mais ne le séduisent pas et nécessitent le glossaire de Rabelais ou de Villon. Ils ne comprennent pas que rien ne vaut la clarté, la limpidité, la simplicité, la phrase pure et nette, ne disant que ce qu'elle veut dire, avec des mots appropriés, des adjectifs nécessaires, rien d'inutile, rien ne venant surcharger l'idée, ni diminuer l'importance du sujet.

Mais aussi ils n'ont plus le respect des maîtres; des aînés, ils ne voient que leurs succès actuels, leur renom, sans paraître se douter que ces aînés ne sont arrivés à la gloire, à imposer leur nom, qu'après de longues et laborieuses années de travail acharné, qu'après une lutte énorme contre l'obscurité, contre la misère. Ils oublient que ces maîtres d'aujourd'hui avaient alors au ventre la rage consciencieuse de leur travail, le respect de leur plume, la volonté de ne rien faire contre leurs idées, préférant déchirer un article que d'accepter une transaction, ou sachant refuser le salaire dû, lorsqu'on voulait leur imposer un article en dehors de leurs idées ou de leurs convictions.

Aujourd'hui, ces jeunes veulent arriver tout de suite, sans passer par ce laminoir des années lentes, où mûrissent l'esprit et le talent. Par des familiarités choquantes, ils paraissent mettre sur la même ligne leur petite notoriété passagère et la renommée acquise par le labeur continu de longues et pénibles années.

Quoique nous ne soyons pas des encenseurs du temps passé, nous croyons juste de déplorer cette gloriole facile de nos jours, cette perpétuelle satisfaction de soi-même, et de regretter la modestie de ces maîtres qui, eux, savent combien la gloire est difficile à acquérir et combien elle est fragile.

Nous savons bien qu'on nous répondra avec une certaine justesse que ce ne sont là que des péchés de jeunesse; mais, à nous qui venons de voir comment on débutait il y a vingt-cinq ou trente ans, et comment on arrivait péniblement, il nous semble que les débuts d'alors étaient plus modestes, et surtout que cette soif d'arriver vite était moins ardente. De nos jours il y a une hâte malheureuse vers la gloire ou vers l'argent; on veut devenir riche ou célèbre du jour au lendemain, sans attendre.

Rien ne saurait remplacer la patience, le travail acharné, l'exemple salutaire des maîtres arrivés aujourd'hui, après avoir lentement conquis tous leurs grades et fait toutes les étapes du rude chemin de la gloire. C'est le seul moyen d'obtenir un résultat sérieux et durable.

XXXII

Rue du Rocher, tout près des Batignolles,
se trouve un petit hôtel taillé dans une grande
belle maison neuve, dont le luxe en impose
comme la vue d'un gros cocher noyé dans les
fourrures de sa pélerine.

Au coup de timbre un domestique vous introduit dans une antichambre, à la pénombre
mystérieuse; des reflets de jour sortis de pièces inconnues, traversent des carreaux multicolores et laissent entrevoir des tableaux, des
armes, des tentures épaisses. Un bout d'escalier se dessine, paraissant conduire vers des
splendeurs orientales; l'atmosphère est douce,
la caresse du luxe artistique vous étreint agréa-
blement.

Ce rêve de richesse est interrompu par l'arrivée dans cette superbe antichambre d'un homme vêtu d'une sorte de veston informe, d'un pantalon en vis; des savates aux pieds et un vieux chapeau enfoncé d'un coup de poing sur des cheveux en broussailles, achèvent de lui donner un air suspect.

Vous écartant prudemment, vous pensez :

« C'est quelque mendiant qui est venu embêter le chroniqueur et lui demander un secours ; on le flanque à la porte, et on a bien raison de se débarrasser vivement de pareilles espèces. »

Mais l'homme vient à vous et vous demande ce que vous désirez: c'est le maître de la maison, c'est Albert Wolff.

Cet homme, qui ressemble chez lui à un mendiant, est certainement un des plus connus de l'Europe.

En effet, non seulement la plus répandue de nos feuilles parisiennes porte son nom aux quatre coins du monde, depuis un quart de siècle, mais ses nombreux voyages l'ont fait connaître personnellement partout.

Aussi, lorsqu'un des amis d'Albert Wolff se met en route, il passe d'abord chez le chroniqueur qui lui dresse son itinéraire complet.

Tout y est, comme dans le meilleur guide : l'heure des départs des trains, le nom de l'hôtel, les monuments qu'il faut voir, et ceux devant lesquels il ne faut pas perdre son temps, les indications les plus précises, désignant les parties du trajet où le voyageur devra se mettre soit à droite, soit à gauche, afin de mieux jouir du paysage ; enfin un mot pour l'aubergiste et quelques lettres de présentation pour des personnages en vue.

Le chroniqueur a des relations dans tous les pays, de sorte que les lettres de recommandation affluent chez lui. Le jour de la semaine où il reçoit tout le monde, on pourrait voir des visiteurs dans tous les coins de son hôtel.

« Ne parlez pas trop haut, dit-il quelquefois en riant, il y a deux étrangers dans la pièce de droite, un acteur dans la pièce de gauche et un musicien dans la salle à manger ! »

On en met partout, absolument comme chez un dentiste à la mode.

Si on l'amène sur le chapitre de cette affluence de solliciteurs, il répond gaiement :

« Que voulez-vous que j'y fasse : j'ai beau leur affirmer qu'en dehors de mon travail, je ne m'occupe de rien au journal, on ne me croit pas. Mon nom est si étroitement lié avec le développement du *Figaro*, qu'on me prend pour un personnage influent de la maison quand, en réalité, je ne suis qu'un camarade pour tout le monde. C'était déjà ainsi du temps de de Villemessant et cela continue sous le rédacteur en chef Magnard. Tous ceux qui ne peuvent pas arriver directement à Magnard viennent chez moi pour réclamer mon intervention; lorsqu'ils n'ont pas obtenu au *Figaro* ce qu'ils demandaient, ils viennent encore chez moi, comme à une influence suprème. Quelquefois, bien rarement, si le cas est intéressant, j'interviens au *Figaro*, non en vertu d'une autorité que je n'ai pas et que je ne désire pas, mais par les liens de camaraderie qui forcément s'établissent entre des hommes qui ont passé une partie de leur vie à côté les uns des autres. J'ai été si profondément malheureux et abandonné dans ma jeunesse, que je ne crois pas devoir repousser ceux qui s'adressent à moi. C'est assommant, mais c'est aussi souvent très intéressant. Lorsque je ne travaille pas, la maison est ouverte à tout le monde. »

A ceci, nous devons ajouter que lorsque le chroniqueur travaille, il n'y a pas de puissance ni de persuasion qui puisse forcer la consigne ; ce jour-là il est plus facile d'arriver au président de la République ou à tous les grands de la terre qu'à Albert Wolff.

Nous nous souvenons, à ce sujet, d'une conversation typique avec l'un de ses domestiques.

C'était le matin, vers dix heures, le visiteur s'adressa au valet de chambre :

« Monsieur Wolff ?

— Monsieur n'y est pas.

— Je suis sûr qu'il est chez lui. »

Devant cette affirmation, le fidèle défenseur de la consigne eut un moment de trouble, dont le quémandeur profita pour insister :

« Voyons, portez-lui ma carte.

— Ce n'est pas possible.

— Il vous excusera quand il saura que c'est moi.

— Mais je vous répète qu'il n'y est pas ! Monsieur m'a dit de répondre qu'il n'y était pour personne, pas même pour le bon Dieu !

— Vous voyez bien qu'il y est. »

Enfin le domestique céda, priant le visiteur de revenir à midi, mais surtout de ne pas répéter à monsieur Wolff ce qu'il venait de lui dire, au sujet de la consigne donnée pour défendre sa porte.

Donc, à ses heures de travail, il n'y est pas !

Rien n'est plus curieux que cet hôtel de la rue du Rocher où le luxe discret d'un artiste contraste si singulièrement avec la tenue de bohème du maître de la maison.

Nous ne connaissons pas beaucoup d'installation plus attirante dans Paris, pas de logis où l'art se soit répandu avec plus de profusion, envahissant tout, les murs, les meubles, les étoffes, se trahissant dans les plus petits coins et dominant l'agencement général.

Rien de clinquant, rien de la tapageuse et criarde opulence du parvenu ; le goût passionné de l'artiste a capitonné et assourdi tous les éclats trop vifs, afin de laisser aux tableaux leur valeur vraie dans l'enchâssure des cadres d'or.

Le cabinet de travail, servant en même temps de salon, est la plus grande pièce ; meubles, tentures et portières sont en vieux tapis d'Orient, choisis parmi les plus anciens. A hauteur d'appui court une bibliothèque de beaux livres, tenant toute la largeur de la pièce.

Sur la corniche de cette bibliothèque, qui contient six ou sept cents volumes, s'étalent des bibelots en cire, en terre cuite, en bronze, ciselures rares ou bustes de grands hommes. Du plafond tombe un lustre flamand en cuivre, à vingt bougies; des tapis turcs et persans font ressortir leurs merveilleux tissus sur le ton uniformément rouge du tapis cloué au parquet.

Sur la cheminée, entre deux lampes, en vieille faïence de Delft, s'élève une réduction en cire de l'*Arlequin* de M. de Saint-Marceaux, œuvre fine délicate, amoureusement exécutée par un artiste de valeur, pour un amateur épris des belles choses.

Les murs de ce salon disparaissent sous les merveilles de la collection du chroniqueur.

Certes, Albert Wolff ne possède pas les pages les plus importantes des grands maîtres, mais il a de chacun une toile, souvent petite, toùjours exquise, contenant comme une quintessence de l'artiste admiré.

Son maître préféré, c'est Corot; il trouve que nul peintre ne s'est plus rapproché de la nature, que nul n'en a mieux humé l'essence. Voilà encore une prédilection qui trahit le fond poétique de ce Français des bords du Rhin.

Il a neuf tableaux de Corot, représentant sous ses faces diverses le talent du grand maître; ceux qui prétendent qu'ils se ressemblent toujours n'ont qu'à aller voir ces neuf toiles du paysagiste chez le chroniqueur parisien : ils se convaincront bien vite de l'incontestable diversité de son œuvre. La plus précieuse est celle que tout le monde connaît sous ce titre : *Le lac de Némi.*

Puis viennent : un admirable Théodore Rousseau; un Delacroix superbe; un petit bijou de Troyon; deux Diaz de premier choix; deux Daubigny hors ligne, malgré les petites dimensions; de Millet, il n'a que des dessins, entr'autres *Le Vigneron*, une des maîtresses œuvres du peintre. Voilà pour les morts.

Tous les modernes de talent entrent peu à peu dans la galerie du journaliste, car son désir est d'avoir au moins une toile de chacun d'eux; il estime en effet que le fond de toute collection d'un véritable amateur doit être un exemplaire de tout ce qui est bon.

Parmi les vivants, nous pouvons donc citer les principaux noms : Jules Dupré, De Neuville, Detaille, Louis Knaus, Haans Makart, Menzel, Duez, Raffaëlli, Carolus Duran, Pierre Billet,

Bastien-Lepage, Jules Breton, Guillemet, de Nittis, Polikonoff, Vollon, Ziem, Pelouse, Boudin, Heilbuth, John Lewis Brown, Puvis de Chavanne, Alfred Stevens, Lambert, de Beaumont, Worms, Madeleine Lemaire, Louise Breslau, Berne-Bellecour, Feyen Perrin, Gilbert, Claude, Bonvin, d'Épinay, Jacquemart, Clays, Jules Franceschi, Vasselot, Suchetet, Dupray, Théodore Weber, Israels, Hawkins, Jules Lefebvre, Le Blant, Henner, Cazin, etc., etc.

Sans doute, dans le nombre, il y a de rares souvenirs, mais les neuf dixièmes de cette collection ont été payés sans compter.

Du reste, sa manière d'agir est bien connue des amateurs, des peintres et des marchands de tableaux. Il arrive à une exposition, va droit aux toiles qui l'attirent, et, pendant que les millionnaires hésitent, se tâtent et ne se décident pas, il achète et paie sur le champ le tableau dont il a envie.

Quand on lui parle des propos calomnieux qui ont cours dans le public, au sujet de sa galerie de tableaux, il répond :

« Si après ma mort, on vend ma collection, le public continuera peut-être de répéter :

Cela n'a pas dû coûter bien cher au journaliste ! Je ne peux pas convaincre la foule ; mais mes neveux trouveront tous les reçus d'artistes dans un tiroir, et, quand personne ne se souviendra plus du journaliste, mes héritiers sauront encore que j'ai été un honnête homme.»

La vérité est que le revenu d'Albert Wolff lui permet ce luxe.

Rien qu'au *Figaro*, il gagne, par an, une soixantaine de mille francs. La critique dramatique qu'il fait à l'*Événement*, une pièce de loin en loin, des affaires dans lesquelles il entre parfois par son frère, sans y comprendre un mot ou une opération, portent maintenant le revenu du chroniqueur à une centaine de mille francs dans les bonnes années.

Cela ne lui suffit pas, car comme il achète sans marchander ce qui le passionne, il est constamment endetté chez les marchands de tableaux. Une fois, nous l'avons entendu s'écrier :

« J'ai acheté chez Petit un Corot de soixante mille francs et je n'ai pas le sou pour le payer. Un de ces jours on me déclarera en faillite : ce sera le bouquet ! »

Le chroniqueur parisien disait cela en souriant, comme un homme qui sait fort bien qu'il se tirera toujours d'affaire et qu'avec du travail il fera face à tout.

Toute sa passion, tout son luxe, ce sont les œuvres d'art, des amis qui ne trahissent pas et donnent les jouissances les plus délicates, les plus sincères. Il n'a ni chevaux, ni voitures, et l'hôtel, aménagé pour de grandes fêtes, n'est pas d'un entretien coûteux.

Sa vie est des plus simples ; il n'a jamais plus de quatre ou cinq amis à dîner. Tantôt il choisit ses convives parmi les mondains, tantôt parmi les peintres ou les statuaires ; à moins qu'il ne lui prenne fantaisie de recevoir soit des écrivains, soit des musiciens, soit des bourgeois avec leurs femmes ou des acteurs et des actrices.

Les plus curieux sont ses dîners avec d'anciens camarades de jeunesse, des ratés, restés en route et devenus de vrais bohèmes. Alors il met tout en l'air pour les accueillir et les traite avec plus de prévenance que les autres ; pour eux, on sort les vins de derrière les fagots, on apporte les meilleurs cigares, on raffine les plats gourmands, et si l'un des invités se grise, la joie d'Albert Wolff, qui, lui, ne boit que de l'eau rougie, est à son comble. Après le dîner, les coudes sur la table, on cause de jadis.

La maison est donc aussi étrange que le maître de la maison ; mais il se peut que la tenue négligée du chroniqueur dans son somptueux appartement soit voulue. Cela n'aurait rien d'étonnant de la part d'un homme qui aime à parler de ses humbles origines, de ses luttes avec la vie, et se vante volontiers d'être, pour ainsi dire, arrivé à Paris en sabots.

Nous savons également qu'il est hanté par la crainte de s'engourdir dans le bien-être et on devine dans ces exagérations de mise, un arrachement au milieu luxueux, un rappel salutaire du passé. Le fait suivant l'indiquera clairement.

Quand l'hôtel de la rue du Rocher fut terminé et que la dernière note eut été payée, Albert Wolff monta en wagon ; il voulut revoir les villes où s'était écoulée sa jeunesse besogneuse, les humbles chambres meublées, où, inconnu, il avait tour à tour espéré et désespéré. Il en a nettement donné les raisons à ses confrères du journal, leur disant :

« Il faut revenir de temps en temps à la réalité de la vie, car la folie des grandeurs sévit dans Paris. Quand je contemple le tapis d'Orient brodé d'or que j'ai jeté sur la rampe de mon escalier, j'ai le vertige. Alors il est bon de revoir les petites maisons de jadis avec les escaliers en bois blanc, ou s'arrêter rêveur devant les panonceaux de messieurs les huissiers qui m'ont autrefois poursuivi avec la plus belle énergie!»

Si les murs du cabinet de travail d'Albert Wolff pouvaient parler ou si le chroniqueur se décidait à faire des confidences, quelle intéressante confession on entendrait!

Sur le fauteuil bas que nous voyons près de la grande table qui lui sert de bureau, sont venus s'asseoir tour à tour les débutants et les hommes arrivés, le jeune artiste que le critique avait mis en évidence et le peintre glorieux qu'il a exalté avec toute l'ardeur de l'enthousiasme.

Son existence de vingt-cinq années dans le journalisme l'a mêlé à toutes les passions, à tous les drames, à tous les événements grands et petits qui agitent et bouleversent la société.

Le confessionnal du chroniqueur a reçu la visite des héroïnes des grands procès en quête d'un appui, d'un article pour les défendre ; le romancier y apporte les bonnes feuilles d'un livre nouveau ; le jeune, qui veut entrer dans la carrière, y succède au glorieux débris retiré à la campagne, et que le journaliste a remis en lumière, alors que le malheureux se croyait oublié.

Aussi, le chroniqueur a-t-il récolté toutes les haines et gagné. toutes les amitiés ; il a des amis dévoués et des adversaires impitoyables. Aucun homme n'est plus détesté que celui-là et, pourtant, nous ne pensons pas qu'un autre ait pu rencontrer de plus profondes sympathies. Chez lui, autour de lui, en lui et à propos de lui tout est contraste, tout est extrême dans un sens ou dans un autre ; c'est pourquoi cette figure attire, force l'attention et la retient.

Indifférent au qu'en dira-t-on, il marche devant lui avec la ténacité des jeunes années, se vantant de ne pas avoir perdu un ami, dans sa longue carrière. Certes, il lui est arrivé parfois de froisser un homme de talent, mais il trouve toujours l'occasion de le *repêcher*, suivant une expression qui lui est familière, quand il rappelle l'exemple de Massenet.

A l'heure des débuts du musicien, en effet, il fit à celui-ci le plus grand chagrin.

« Je vous revaudrai cela, le jour où je

pourrai vous être utile ! » avait-il l'habitude de dire au compositeur devenu son ami.

Lorsque Massenet, faute de·pouvoir se faire jouer à Paris, transporta *Hérodiade* au théâtre de Bruxelles, Albert Wolff lui consacra un article d'une profonde émotion qui rachetait complètement celui qu'il avait fait autrefois.

La correspondance du. chroniqueur du *Figaro* serait peut-être encore plus intéressante à connaître que les confidences qu'il doit recevoir ; souvent on écrit ce qu'on n'ose pas dire ; mais jamais il n'a communiqué à qui que ce soit les lettres qu'il reçoit. A ce sujet, nous savons qu'un des hommes les plus considérables de ce temps lui a dit :

« Le plaisir que j'ai à vous écrire vient de la sécurité où je me trouve avec vous, sachant que tout restera entre nous. »

Le journaliste a, du reste, une manière de procéder qui est particulière: il donne aux collectionneurs d'autographes les lettres sans importance et il détruit sur l'heure celles qui peuvent compromettre quelqu'un.

Il est arrivé à certaines personnes de le féliciter de cette discrétion ; sa réponse le peint tout entier :

« Je n'ai aucun mérite, » affirme-t-il.

« Si je bavardais on ne me confierait plus rien et je me priverais de la sorte de la partie la plus intéressante de ma vie. »

De tous les artistes, ce sont les musiciens qu'Albert Wolff avoue préférer, et ses écrits les plus anciens le montrent toujours préoccupé de la musique : en cela également se trahit le Rhénan. Depuis Rossini, Meyerbeer, Auber et Offenbach jusqu'aux contemporains, il les a tous connus.

C'est un fanatique, un véritable mélomane, que l'on trouvera toujours dans tous les concerts, lorsque le programme est attrayant. Une seule chose, selon lui, gâte son plaisir, la foule ; lorsqu'il s'agit de voir ou d'entendre, il voudrait pouvoir être seul, pour que personne ne troublât sa jouissance. A Madrid il a obtenu l'autorisation d'entrer au Musée, le matin, avant l'heure officielle ; à Vienne il a demandé comme la plus haute faveur de pouvoir pénétrer dans le Belvédère, avant l'ouverture des portes.

Étant jeune, il désirait une grande fortune pour arriver à se faire jouer par un orchestre à lui les grands œuvres symphoniques : ce rêve, Albert Wolff est parvenu à le réaliser en partie, grâce à l'obligeance d'amis dévoués. Parmi les meilleurs, en effet, il compte nos plus forts pianistes, et ceux-ci, dans leurs moments de liberté, viennent lui jouer ce qu'il aime.

Alors, défense de recevoir qui que ce soit. Le chroniqueur s'étend sur le divan et fume, tandis que le musicien interprète pour lui ses œuvres de prédilection. Chacun a sa spécialité : Théodore Ritter lui joue Mendelssohn, Schumann et Schubert ; Alphonse Duvernoy, Beethoven et Weber ; le compositeur Salvayre *pioche* avec son ami les partitions de Richard Wagner.

La grande douleur du chroniqueur c'est de ne pas avoir appris la musique dans sa jeunesse et de ne pouvoir se jouer lui-même ces œuvres qu'il adore.

On nous a raconté, à ce propos, un trait qui suffirait à peindre son énergie à atteindre le but ambitionné, si nous n'en avions déjà eu de nombreux exemples durant cette vie agitée.

Il y a cinq ans, dans l'âge mûr, à une époque ingrate pour ce genre d'étude, il a pris un professeur de piano, apprenant, comme un enfant docile, la musique, en passant avec une rare patience par toutes les gammes et la méthode Carpentier. Il est ainsi parvenu à pouvoir, après une soirée au concert où à l'Opéra, rentrer chez lui, prendre une partition, et se rappeler tant bien que mal les mélodies qui tourbillonnent dans sa tête. Faute de mieux, cela lui suffit.

Le lecteur de ce livre trouvera peut-être que nous nous sommes arrêté outre mesure à la curieuse physionomie parisienne de ce journaliste d'origine étrangère, et que la place tenue par lui dans les lettres ne mérite pas de lui consacrer tout un volume. Il n'en est pas moins vrai qu'il a occupé le public de sa personne pendant un quart de siècle et qu'il reste une des individualités les plus en vue de Paris.

Pour nous, la longue faveur, dont jouit le journaliste auprès de ses lecteurs, réside dans son incessante préoccupation d'éviter la monotonie : il écrit tout à fait comme il vit, au hasard des événements parisiens, et nous avons déjà constaté que si le moment n'a pas de relief ses articles restent sans éclat.

Nous avons fait allusion aux contrastes remarqués chez lui ; dans l'existence, c'est la même chose. Un soir, il est dans une ambassade et le jour suivant, il s'attable avec Louise Michel, chez le directeur des Bouffes du Nord. Il sort d'une grande solennité artistique pour courir les bouges avec des policiers. Après l'émotion causée par la mort d'un peintre de talent, il s'égaie de quelque vaudeville de la vie parisienne. Il salue une dernière fois le grand seigneur, qui a tenu une place dans la capitale, ou bien il s'attarde, tout attendri, sur la tombe d'un pauvre diable incompris que tue la misère.

Ses articles nous initient successivement aux drames du grand monde et aux désespoirs des mansardes, aux mystères des hôtels des Champs-Élysées et aux secrets des taudis des chiffonniers. Tous les palais, tous les hôpitaux lui ont ouvert leurs portes, étalant sous ses yeux le Paris brillant et le Paris résigné, misérable. Quel est l'artiste éminent avec lequel il n'a pas causé ? Et à côté de cela nous l'entendons raconter les derniers moments de Troppmann.

Enfin n'est-il pas extraordinaire de voir ce chroniqueur en titre d'un journal conservateur, défendre avec plus d'ardeur que tout autre la liberté et l'émancipation de l'esprit. Depuis ses premiers articles il a toujours réclamé l'instruction obligatoire et combattu le fanatisme.

Il sait du reste si bien que toute sa force réside dans le mouvement, dans la variété, qu'il se renouvelle sans cesse. Las de Paris, il court le monde ; mal à l'aise entre les hautes maisons, il se lance en pleine campagne ; fatigué des boulevards, il va en Autriche, en Hollande, en Allemagne, en Italie ou en Espagne.

Il a visité tous les musées et, grâce à une des plus prodigieuses mémoires que nous connaissions, il peut citer chaque salle et chaque panneau où se trouvera tel et tel tableau.

On finit par découvrir sous toutes ces turbulences, sous ces incessants déplacements, une grande crainte de vieillir et de se démoder ; nous l'avons déjà surpris précédemment, faisant cet aveu, en se comparant au comédien ; il lui échappe aussi de temps à autre cette réflexion qui résume bien sa secrète pensée :

« Il faut mourir vivant. »

Une fois même, un visiteur l'ayant appelé devant nous « *cher maître* », en saluant ses cheveux qui blanchissent, il riposta vivement :

« Ne m'appelez pas ainsi, je vous en prie : *cher maître,* c'est le prologue de *vieille bête !* »

De même qu'il connaît tout, il a effleuré dans ses chroniques tous les sujets et se trouve plus ou moins lié avec tout Paris. Son abstention des discussions ardentes de la politique fait qu'il peut traverser les camps les plus opposés sans froisser nulle part par sa présence ; dans ses relations on compte les réactionnaires les plus endurcis et les républicains les plus avancés. Cela lui permettant d'aller partout, lui facilite l'entassement des souvenirs précieux et le rend apte à improviser des articles sur tout ce qui occupe la grande ville. Rien d'étonnant à ce qu'il puisse parler *de visu* en homme qui a *vécu* ce qu'il raconte, et non d'après des renseignements fournis par d'autres. De là cette chaleur communicative et cette séduction du Chroniqueur parisien.

Sans doute, Albert Wolff n'est pas *Le Figaro* tout entier ; à côté de lui sont des hommes dont le talent vaut bien le sien, des journalistes éprouvés, de fins analystes, des critiques de talent, mais les uns et les autres écrivent pour une partie des lecteurs. Le Chroniqueur, lui, s'adresse à toutes les catégories, à toutes les classes, à toutes les castes, parlant de tout et de tous, intéressant en même temps que ses propres lecteurs, ceux de ses collaborateurs du journal.

Il nous a donc semblé particulièrement curieux de choisir entre toutes cette physionomie intéressante d'un homme qui, n'ayant rien dans sa personne qui séduise, ayant contre lui son origine même, est parvenu à faire deux fois sa situation dans les lettres françaises, à force de persévérance, de volonté et d'incontestable talent.

Nous ne nous cachons pas que ce livre sera violemment attaqué, malgré toute la sincérité avec laquelle il a été écrit, et cependant aucune arrière-pensée ne nous a guidé dans cette étude aussi impartiale que possible d'une personnalité non seulement parisienne, mais absolument française.

Nous l'avons déjà dit et nous le répétons, en terminant, nous ne connaissions nullement Albert Wolff, quand nous avons réuni les matériaux pour écrire ce volume, le premier d'une série sur nos contemporains. Si nous choisissons celui-là pour commencer, c'est que, journaliste remuant, envahissant, il s'impose comme une des forces du journalisme contemporain.

Aujourd'hui, celui qui a si rudement et si longuement lutté dans la Presse Parisienne, contribuant à lui donner son éclat et son extension, paraît entrer dans une autre phase de sa laborieuse et batailleuse existence, celle de la position acquise, de la stabilité.

Le petit Wolff des bords du Rhin est devenu le grand Wolff des bords de la Seine, arrivant à la plus complète expression de son talent, à sa grande maturité. C'est pourquoi nous avons jugé propice, pour le peindre et l'étudier avec tant de soin, ce moment où l'écrivain se repose d'un long travail dans les délices du bien-être acquis, dans cet hôtel de la rue du Rocher que le Chroniqueur appelle gaiement « *Le couronnement d'une vie de désordre !* »

FIN

MOITTROZ, Adm.-Direct. des imprimeries réunies. C, rue du Four, 54 bis, Paris

www.ingramcontent.com/pod-product-compliance
Ingram Content Group UK Ltd.
Pitfield, Milton Keynes, MK11 3LW, UK
UKHW021008140726
13695UKWH00001B/133